特別支援教育の技法

特別支援教育
コーディネーターのための
「個別の指導計画」
作成と活用の技法

増田謙太郎・松浦千春 著

SPECIAL
EDUCATION
SKILL

明治図書

はじめに

　「個別の指導計画」は，今やほぼすべての小・中学校等で作成されています。本書は，今さら改めて「個別の指導計画」の意義を力説するものではありません。今や作成することが当たり前になった「個別の指導計画」を，各学校の特別支援教育コーディネーターがより作成と活用がしやすくなるための技法についてまとめました。

　各学校の特別支援教育コーディネーターは，校内の「個別の指導計画」の作成や活用を促進する役割を担っているといえます。

　そのためには，特別支援教育コーディネーターが，校内の「個別の指導計画」作成や活用を促進するための技法について知っておく必要があります。

　1章は，「個別の指導計画」作成をサポートする技法です。関係法令や教育に関わる理論等を交えて，説明しています。

　2章は，自立活動を基に「個別の指導計画」を作成する技法です。「個別の指導計画」を作成するツールとしての自立活動に着目してみます。

　3章は，検査資料を基に「個別の指導計画」を作成する技法です。子どもについての，より客観的なデータとなる検査結果報告書を「個別の指導計画」の作成につなげていきます。

　4章は，「個別の指導計画」を活用する技法です。作成しても活用できなければ「個別の指導計画」の意味はありません。

　かなり専門性の高い内容ですが，わかりやすいように具体的な事例をたくさん載せました。必要なところから，お読みいただければと思います。

Contents

1章 「個別の指導計画」作成を サポートする技法

2章 自立活動を基に「個別の指導計画」を作成する技法

3章 検査資料を基に「個別の指導計画」を作成する技法

4章 「個別の指導計画」を活用する技法

1章

「個別の指導計画」作成を
サポートする技法

「個別の指導計画」が
必要な子どもたち

「努める必要がある」と「必要がある」
①特別な支援が必要な子どもには作成に「努める必要がある」
②通級指導を利用する子どもには作成する「必要がある」

　「個別の指導計画」が必要な子ども，つまり「個別の指導計画」は誰のために作成されるものなのでしょうか。

①特別な支援が必要な子どもには作成に「努める必要がある」

　　通常の学級に在籍する障害のある児童などの各教科等の指導に当たっては，適切かつ具体的な個別の指導計画の作成に努める必要がある。
（小学校学習指導要領解説　総則編）

　学習指導要領解説の「個別の指導計画」に関するこの一文が，どのような意味をもっているのか，詳しく見ていきましょう。

「通常の学級に在籍する障害のある児童」とは

　まず，自閉症やADHDなど，医師によって診断名があるとされている子どもたちは，これに該当します。

　そして，医師による診断名はなくても，学校で学習や生活を送るにあたって何かしらの困難がある子どもも，これに該当するといえます。

つまり，**診断名があるかないかというところにとらわれすぎず，特別な支援が必要な子どもに対して作成するもの**という理解をしておくとよいでしょう。

「各教科等の指導に当たっては」とは

　「各教科等」とは，国語科や算数科・数学科，外国語活動，特別活動など，学校で行われる学習活動全般のことです。

　各教科等の指導にあたっては，現行の学習指導要領では「育成を目指す資質・能力」の三つの柱，いわゆる３観点が示されています。３観点と子どもの困難の実態を関連させると，例えばこの表のようになります。

【３観点と「子どもの困難の実態」との関連】

３観点	子どもの困難の実態　例
知識及び技能	・文字を書くことが難しい。 ・文章を読むことが難しい。
思考力，判断力，表現力等	・授業中に適切な言動をとることが難しい。 ・授業で行われる話し合い活動で，自分の意見を伝えることが難しい。
学びに向かう力，人間性等	・授業に参加する意欲がない。 ・課題に対してあきらめてしまう。

　各教科等の指導に当たっては，この例のような困難が見られる子どもについて，個に応じた指導や特別な支援が必要です。それを明らかにするのが「個別の指導計画」の役割です。

「適切かつ具体的な個別の指導計画の作成」とは

　各教科の学習指導要領解説では，想定される困難さとそれに対する指導上の意図や手立てについて示されています。

　例えば，国語科では「文章を目で追いながら音読することが困難な子ども」に対しては，自分がどこを読むのかがわかるように「教科書の文を指等で押さえながら読むよう促す」と示されています。これは「適切かつ具体的な個別の指導」の一つのモデルです。このモデルは，子どもの様子から，具体的な手立てへとつなげることを示しています。

「努める必要がある」とは

　「努める必要がある」とは，いわゆる「努力義務」のことです。「必ず作成せよ」ということではないですが，「作成するように努力すべき」という意味です。

②通級指導を利用する子どもには作成する「必要がある」

- -

　「通常の学級に在籍する障害のある子ども」の中には，通級による指導（以下，通級指導）を利用している子どもがいます。通級指導を利用している子どもの「個別の指導計画」については，以下のように示されています。

> 　通級による指導を行い，特別の教育課程を編成する場合について，（中略）児童一人一人に，障害の状態等の的確な把握に基づいた<u>自立活動における個別の指導計画を作成し</u>，<u>具体的な指導目標や指導内容を定め</u>，それに基づいて指導を展開する<u>必要がある</u>。（小学校学習指導要領解説　総則編）

「通級による指導を行い，特別の教育課程を編成する場合」とは

　通級指導を利用している子どもには，「特別の教育課程」が編成されます。この「特別の教育課程」については，また後ほど詳しく説明します。

「自立活動における個別の指導計画を作成し」とは

　通級指導とは，「自立活動」の指導を行う場のことです。したがって，通級指導を利用するということは，「自立活動」の指導を受けるということになります。したがって，通級指導を利用している子どもの「個別の指導計画」は，自立活動における「個別の指導計画」を作成する必要があるということです。

　自立活動については，２章にて詳しく見ていきます。

「具体的な指導目標や指導内容を定め」とは

　逆に言うと，抽象的な指導目標や指導内容はふさわしくないということです。

「必要がある」とは

　「必要がある」とは，「義務」だということです。つまり，通級指導を利用する子どもには「個別の指導計画」を作成しなければならないということです。

　ちなみに，特別支援学級に在籍している子どもも「個別の指導計画」は作成しなければなりません。もし，交流で通常の学級にて授業を受けている場合は，その点も考慮した「個別の指導計画」が必要です。

「個別の指導計画」の
作成・活用システム

指導目標と手立てを明確にする
①指導目標，指導内容，指導方法を明確にする
②「作成・活用システム」を構築・調整する

①指導目標，指導内容，指導方法を明確にする

> 　個別の指導計画は，（中略）障害のある児童など一人一人の指導目標，
> 指導内容及び指導方法を明確にして，きめ細やかに指導するために作成
> するものである。（小学校学習指導要領解説　総則編）

「障害のある児童など一人一人」に
　あらかじめ用意された計画を子どもにあてはめるというレディメイドでは
なく，その子どもの必要に応じた計画をつくるというオーダーメイドの教育
計画が「障害のある子ども一人一人」に必要です。

「指導目標，指導内容及び指導方法を明確にするもの」である
　「個別の指導計画」に何を書けばよいのでしょうか。端的に言えば「指導
目標，指導内容，指導方法」を書けばよいのです。

② 「作成・活用システム」を構築・調整する

　個別の指導計画の作成・活用システムを校内で構築していくためには，障害のある児童などを担任する教師や特別支援教育コーディネーターだけに任せるのではなく，全ての教師の理解と協力が必要である。（小学校学習指導要領解説　総則編）

「作成・活用システム」とは

　通常の学級の子どもの「個別の指導計画」は，学級担任が作成することが一般的です。

　しかし，学級担任といっても，例えば初任者教員の場合は，いきなり「個別の指導計画」を作成することは結構ハードです。そのようなときは，特別支援教育コーディネーターが作成や活用についてサポートする必要があります。これは，校内における「個別の指導計画」の「作成・活用システム」であるといえます。

　また，通級指導を利用している子どもの場合は，通級指導担当教員と連携した「個別の指導計画」を作成し，活用していくことが求められます。これも校内における「個別の指導計画」の「作成・活用システム」であるといえます。

　「作成・活用システム」を構築したり，あるいは調整したりする仕事が，特別支援教育コーディネーターの役割となります。

「全ての教師の理解と協力」を得るために

　もし，校内の体制がうまく整わないようであれば，例えば校長に相談するなど，一人で抱え込まないことも技法の一つです。

「個別の指導計画」の様式

Check!

様式とは「型」のこと
①様式に縛られ過ぎないようにする
②横軸と縦軸に着目する

①様式に縛られ過ぎないようにする

　　個別の指導計画の作成の手順や様式は，それぞれの学校が児童の障害の状態，発達や経験の程度，興味・関心，生活や学習環境などの実態を的確に把握し，自立活動の指導の効果が最もあがるように考えるべきものである。（小学校学習指導要領解説　総則編）

　様式とは「型」のことです。ここに示されている通り，「個別の指導計画」は，具体的な様式が決まっているわけではありません。「学校ごとに考えてください」ということです。

　都道府県や市区町村などの自治体ごとに様式が決まっている場合もあります。また，「以前からこの様式を使っているから」と，学校で引き継がれている場合もあります。

　しかし，最近，校務支援システムで「個別の指導計画」を作成するケースも出てきました。この場合は，システムに合わせた新しい様式を作成しないといけないこともあります。

様式については，「これじゃないといけない」ということはないので，あまり縛られ過ぎないようにしたいものです。

②横軸と縦軸に着目する

どのような様式でも，「個別の指導計画」は表（table）のスタイルになっています。

表の特徴として「横軸」と「縦軸」にいくつかの項目が並んでいるということがいえます。

右図の「個別の指導計画」では，「目標」「手立て」「評価」が横軸に並んでいます。縦軸には「生活面」「学習面」「行動面」「社会性・対人関係」という項目が並んでいます。

「個別の指導計画」の様式の違いは，「横軸」と「縦軸」に並んでいる項目のバリエーションによって生じています。

したがって，特別支援教育コーディネーターとしては，「横軸」と「縦軸」に並んでいる項目の文言がどのような意味をもっているのかを理解できるようになるとよいでしょう。この「横軸」と「縦軸」については，次項以降で詳しく見ていきましょう。

様式の横軸５項目

横軸の５項目を理解する
①横軸の「主要３項目」をおさえる
②横軸の「オプション２項目」をおさえる

①横軸の「主要３項目」をおさえる

【横軸の主要３項目】

目標	・「何がゴールなのか」を示したもの。 ・基本的には，一定の期間（学期など）で達成されるべき「短期目標」について記載する。 ・子どもにとっての最終的な目標は「長期目標」という。通級指導を利用する場合は，長期目標が達成されたら「退室（退級）」するとよい。
手立て	・「どうやって指導するのか」を示したもの。 ・「指導内容」や「指導方法」などのこと。
評価	・指導後に「どうなったのか」を示したもの。 ・なるべくポジティブな文体を心がける。

　横軸の主要項目，つまり「絶対に外せない」項目は，「目標」「手立て」「評価」の３つです。

【横軸の主要３項目による超シンプルな「個別の指導計画」例】

目標	手立て	評価
文字が書けるようになる。	毎日，文字を書く宿題を出す。	文字が書けるようになりました。

「目標」は，「何がゴールなのか」を示したものです。この子どもの場合は文字が書けるようになれば，目標達成となります。

「手立て」の「毎日，文字を書く宿題を出す」は，「どうやって指導するのか」を示したものです。具体的な「指導内容」「指導方法」のことです。

「評価」の「文字が書けるようになりました」は，指導後に「どうなったのか」を示したものです。「文字が書ける」という目標に正対していることがポイントです。

個別の指導計画

氏名		年　　組	作成者 ＊＊＊＊＊＊	期間 ＊年＊月から＊年＊月まで

	目標	手立て	評価
生活面			
学習面			
行動面			
社会性・対人関係			

このように，目標，手立てを明確にし，指導後に評価をするのが「個別の指導計画」です。まずはこの３つの項目でシンプルに考えるのが，「個別の指導計画」作成の基本です。

②横軸の「オプション２項目」をおさえる

【横軸のオプション２項目】

子どもの様子	・指導前の子どもの様子や実態について。行動観察や検査結果等に基づいて記述する。 【主観的なデータ】行動観察，聞き取り　等 【客観的なデータ】心理検査，各教科の評価　等
指導場面	・手立てを「どの場面で」行うのかについて記述する。 【いつ】授業，グループ活動，休み時間，給食，朝の会，帰りの会，部活動の時間，毎時間　等 【どこで】教室，体育館，校庭，音楽室　等 【誰が】担任，教科担任，支援員　等

　「子どもの様子」と「指導場面」の項目は，もちろん記載があった方が，より計画としてわかりやすくなります。

【横軸の５項目による「個別の指導計画」例】

子どもの様子	目標	手立て	指導場面	評価
文字が書けない。	文字が書けるようになる。	毎日，文字を書く宿題を出す。	家庭学習で取り組む。	文字が書けるようになりました。

　「子どもの様子」と「目標」は大きく関連します。「子どもの様子」が記載されていれば，どうしてその「目標」を立てることになったのかという理由が，説明しやすくなります。

「指導場面」の「家庭学習で取り組む」というのは，「手立て」と大きく関連します。

この5つの項目があると，より詳細な「個別の指導計画」となります。しかし，横軸の項目が増えることによって，作成するのも，読むのも労力が増えてしまいます。

学校の実態に応じて，項目は精査していくことが重要です。校内のニーズによって，特別支援教育コーディネーターが調整していくとよいでしょう。

個別の指導計画

氏名		年　　組	作成者 ＊＊＊＊＊＊	期間 ＊年＊月から＊年＊月まで

	実態	目標	手立て	指導場面	評価
生活面					
学習面					
行動面					
社会性・対人関係					

様式の縦軸３タイプ

縦軸の３タイプを理解する
①縦軸の３タイプの違いを理解する
②学校の実態に合ったタイプをチョイスする

①縦軸の３タイプの違いを理解する

縦軸について，通常の学級で「個別の指導計画」を作成する必要のある子どもの場合は，大きく分けて３タイプあります。

【縦軸の３タイプ】

子どもの 発達タイプ	・子どものもっている側面を多面的な視点でとらえていく。 ・項目として「生活面」「学習面」「行動面」「社会性・対人関係」「情緒面」「コミュニケーション面」など。
教科指導タイプ	・教科の学習における個に応じた指導や，特別な支援等について記載する。 ・項目として，「国語」「算数」「体育」など。
自立活動タイプ	・子どもの「自立活動」について記載する。 ・項目は，子ども一人ひとりによって異なるため記載しない。

②学校の実態に合ったタイプをチョイスする

子どもの発達タイプ

【子どもの発達タイプの縦軸項目】

生活面	・身の回りの整理整頓について。 ・休み時間の遊びや過ごし方について。 ・あいさつについて。 ・食事や着替え，排せつ等について。
学習面	・読み書きなどの基本的な学習技能について。 ・特定の教科の気になる学習状況について。 ・教科の学習における意欲について。
行動面	・指示をしたときの取り組み方について。 ・授業中の気になる行動について。 ・係活動などの取り組みについて。 ・感情のコントロールについて。
社会性・対人関係	・友だちとの関わりについて。 ・他者とのコミュニケーションについて。 ・集団への参加について。 ・他者とのトラブルについて。
情緒面	・集団参加の際の気持ちの状態について。 ・他者と関わる際の気持ちの状態について。
コミュニケーション面	・他者との会話について。 ・話し言葉について。 ・非言語的なコミュニケーションについて。

「子どもの発達タイプ」は，子どもの発達をトータルで把握できるのが利点です。日常生活も踏まえたうえで，子どもの目標を立てることができます。

教科指導タイプ

子どもによっては，特定の教科において，特別な支援が必要になることがあります。

例えば「文章を目で追いながら音読することが困難な子ども」の場合は，国語科の欄に目標等を記載することになります。

このような指導は，計画的に行われるのが重要です。ある先生の授業ではこの指導がちゃんと行われているのに，違う先生になったら行われなくなったというのは計画的ではありません。

個別の指導計画

氏名			年　組	作成者 ＊＊＊＊＊＊	期間 ＊年＊月から ＊年＊月まで

	目標	手立て	評価
国語			
算数			
社会			
理科			
体育			
音楽			
図工			
外国語			
総合			
道徳			
その他			

また，「教科指導タイプ」では，必要のある教科と，必要のない教科をわかるように記載することも大切です。すべての教科において記載する必要はないということです。

【教科指導タイプの記載例】

	目標
国語	文章を目で追いながら音読する。
算数	当該学年の目標に準ずる。

　国語科は「個別の指導計画」に基づいた指導を行うことになり，算数科は他の子どもと同様の方法で行えばよいということがわかるようになります。

自立活動タイプ

　「自立活動」の目標，手立て，評価等を記載する様式です。

　通級指導を受けている子どもは，自立活動の指導を受けていると言い換えることができます。

　したがって，その自立活動の指導を，通常の学級でも行ったり応用したりできれば効果的であるといえます。「**自立活動タイプ**」は，通級指導との連携が図りやすくなるのが利点です。

個別の指導計画

氏名			年　組	作成者 ＊＊＊＊＊＊	期間 ＊年＊月から ＊年＊月まで

自立活動の指導目標		
目標	手立て	評価
1		
2		
3		

「目標」を設定する技法

実現可能な目標を立てる
①発達の最近接領域（ZPD）理論を応用する
②長期目標と短期目標を立てる

①発達の最近接領域（ZPD）理論を応用する

- -

　目標設定の技法のポイントは「支援があればできる課題」は何かを明らかにすることです。この「支援があればできる課題」は，実際の指導内容や指導方法にも関連します。

　旧ソヴィエト連邦（ロシア）の心理学者であるヴィゴツキーは「発達の最近接領域（Zone of Proximal Development = ZPD)」という理論を提唱しました。

ひとりでできる課題	支援があればできる課題 ➡ 発達の最近接領域 （ZPD）	支援があってもできない課題

発達の進行

一人でできる課題（図の左側）

　一人でできる課題とは，「個別の指導計画」でいえば「子どもの様子」と言い換えることができます。

　「子どもの様子」は「○○できない」や「○○が難しい」とネガティブ表現で表しがちです。しかし，「○○できない」を「△△できる」とポジティブ表現に言い換えることも可能です。これを**リフレーミング**といいます。

【「落ち着いて授業に参加できない」子どものリフレーミングの例】

ネガティブな表現	授業中，気持ちが落ち着かなくなってしまう。
ポジティブな表現	気持ちが落ち着いているときは教室で穏やかに学習できる。

　リフレーミングしたポジティブ表現「気持ちが落ち着いているときは教室で穏やかに学習できる」が，一人でできる課題になります。

支援があればできる課題（図の中央）

　これが「発達の最近接領域（ZPD）」です。後ほど具体例で説明しますが，「個別の指導計画」の「目標」には，「長期目標」「短期目標」があります。

　支援があればできる課題は「個別の指導計画」でいえば「短期目標」と言い換えることができます。

支援があってもできない課題（図の右側）

　これは，子どもの未来の様子を表しています。**支援があってもできない課題**は「個別の指導計画」でいえば「長期目標」と言い換えることができます。

②長期目標と短期目標を立てる

・・・

　「発達の最近接領域（ZPD）」理論の枠組みを応用することによって，長期目標と短期目標を明らかにすることができます。

　「落ち着いて授業に参加できない」子どもの事例を通して考えてみます。

ステップ１　一人でできる課題（図の左側）を明らかにする

　まず，一人でできる課題は何かを明らかにします。ここでは，先ほどのリフレーミングの技法を用いて，ネガティブ表現をポジティブ表現に言い換えます。

　「気持ちが落ち着いているときは教室で穏やかに学習できる」ということが，一人でできる課題となります。一人でできる課題をちょっとずつ成長させていくイメージになります。

ステップ２　支援があってもできない課題（図の右側）を明らかにする

　次に，支援があってもできない課題を考えます。落ち着くためにはクールダウンをするというアイディアが考えられますが，この子どもはまだ「一人でクールダウンをすること」はできません。したがって，「気持ちが落ち着かなくなったときに，一人でクールダウンすることができる」が，現状では支援があってもできない課題となります。

　これが「長期目標」になるわけです。

ステップ３　支援があればできる課題（図の中央）を明らかにする

　そして，支援があればできる課題を検討します。この子どもの場合は「大人と一緒であれば，クールダウンをすることができる」ようです。これは「大人が一緒にいる」という支援があれば「クールダウンできる」ということになりますので，支援があればできる課題となります。

　これが「短期目標」になるわけです。

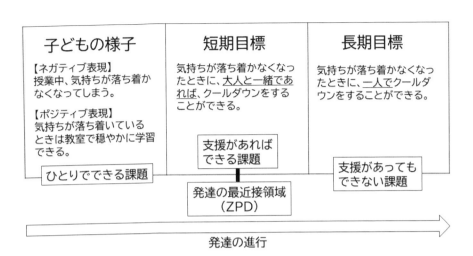

ステップ4　長期目標と短期目標の一貫性を確認する

【「落ち着いて授業に参加できない」子どもの長期目標と短期目標例】

長期目標	気持ちが落ち着かなくなったときに，一人でクールダウンをすることができる。
短期目標	気持ちが落ち着かなくなったときに，大人と一緒であれば，クールダウンをすることができる。

　まずは大人と一緒にクールダウンの練習をして，それができるようになったら一人でクールダウンをしていくという流れには一貫性があります。

　特別支援教育コーディネーターとしては，この長期目標と短期目標の設定の技法を，子どもの「目標」の助言が必要な場合に活用するとよいでしょう。

「手立て」を設定する技法

Check!

「個別の指導計画」の「手立て」の効果的なポイントを考える
①足場かけ（Scaffolding）理論を応用する
②「手立て」をスモールステップ化する

①足場かけ（Scaffolding）理論を応用する

- -

　「個別の指導計画」における「手立て」とは，具体的な指導内容や指導方法などのことです。

　指導内容とは「何の指導をするのか」，指導方法とは「どのように指導するか」「どんな教材を使用するか」「どのように声かけするか」といったことです。設定した目標を達成するための，具体的な指導内容や指導方法のことが「手立て」です。

　「手立て」の主語は教師です。教師がどのような「手立て」を講じるかという視点で「個別の指導計画」に明記します。

　アメリカの心理学者であるブルーナーは，発達の最近接領域を「足場かけ（Scaffolding）」という言葉とあわせて論じました。この「足場かけ」の考え方は，「手立て」の設定に応用できます。

　「足場かけ」とは，文字通り，工事現場でよく見かけるパイプや鉄板などで作られた「足場」のイメージです。建物を建てるときや，外壁工事などをするときは，作業員の作業用の足場が必要です。

足場は，作業の間だけ必要なものです。作業が終わったら，必要なくなります。このことから，**いらなくなったら外すのが足場の特徴**であるといえます。

この足場かけの理論を，先ほどの「落ち着いて授業に参加できない」子どものケースで考えてみましょう。

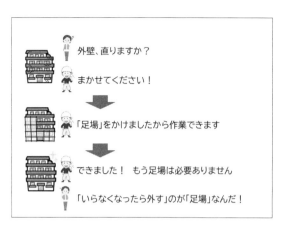

外壁、直りますか？

まかせてください！

「足場」をかけましたから作業できます

できました！　もう足場は必要ありません

「いらなくなったら外す」のが「足場」なんだ！

【「落ち着いて授業に参加できない」子どもの短期目標と長期目標】

短期目標	気持ちが落ち着かなくなったときに，大人と一緒であれば，クールダウンをすることができる。
長期目標	気持ちが落ち着かなくなったときに，一人でクールダウンをすることができる。

まずは，短期目標についての「手立て」を考えてみます。「大人と一緒であれば」というところの具体的な「手立て」を考えなければなりません。

例えば，校内の支援員と一緒にクールダウンの練習をしていくことが考えられます。

【「落ち着いて授業に参加できない」子どもの短期目標と手立て】

短期目標	手立て
気持ちが落ち着かなくなったときに，大人と一緒であれば，クールダウンをすることができる。	支援員と一緒にクールダウンをする。

さて，この「手立て」に「足場かけ」の理論を応用してみましょう。

「足場かけ」とは，「いらな
くなったら外す」というもの
でした。このケースでいえば，
支援員という手立ては「足
場」になるので，「いらなく
なったら外す」ということに
なります。
　何度か支援員と一緒にクー
ルダウンの練習していくうち

落ち着いて授業に参加できない

大人と一緒に、クールダウンの練習をする
この場合は「支援員」が「足場」となる

気持ちが落ち着かなくなったときに、一人で
クールダウンをすることができるようになった。
「支援員」という「足場」は外していく。

に，子どもが一人でクールダウンができるようになっていくようになったと
します。
　そうしたら，短期目標の「気持ちが落ち着かなくなったときに，大人と一
緒であれば，クールダウンをすることができる」は達成できたことになりま
す。
　そして，支援員という「手立て」は，もはや必要でなくなります。なぜな
ら，長期目標「気持ちが落ち着かなくなったときに，一人でクールダウンを
することができる」ためには，支援員という「手立て」は必要ないからです。
つまり，支援員という「手立て」は，いらなくなったら外す「足場」である
といえます。
　このように考えると，「手立て」は短期目標が達成できた時点で，外した
り，なくしたりすることができるものという条件になります。一定の期間だ
け必要なものが「手立て」なのです。

② 「手立て」をスモールステップ化する

　支援員と一緒にクールダウンをするという「手立て」は，さらに細かく刻
むことで，より具体的な「手立て」となります。

【「支援員と一緒にクールダウンをする」手立てのスモールステップ化】

ステップ1	支援員との人間関係を築く。休み時間に支援員と一緒に遊ぶことで良好な関係をつくっていく。
ステップ2	クールダウンをする場所に慣れる。1日のうちに何回か，クールダウンをする空き教室で支援員と一緒に過ごす時間をつくる。
ステップ3	クールダウンの方法を学ぶ。気持ちが落ち着いているときに，深呼吸をする練習をしてみる
ステップ4	クールダウンするときの約束ごとを本人・担任・支援員で一緒に決める。クールダウンは空き教室で深呼吸をして帰ってくるようにする。しばらくの間は，支援員と一緒に空き教室に行く。

　「手立て」をスモールステップ化すると，必然的に「計画的な指導」になっていきます。そして，この「計画的な指導」は「個別の指導計画」に記載することによって可視化されます。つまり，この指導方法を考えた教師だけでなく，他のスタッフとも計画の共有が可能になります。

　特にこのケースの場合は，支援員と指導の方向性を共有することが指導のポイントになります。また，管理職や他の先生にも共有することで，「あの子どもは今，この学習をしているんだ」と理解を図ることができるようになるので，協力も得やすくなるでしょう。

「評価」を作成する技法

「個別の指導計画」の「評価」について理解する
①「教育評価の機能」の考え方を応用する
②文例のパターンを応用する

①「教育評価の機能」の考え方を応用する

　「個別の指導計画」では，一定期間の指導後に「評価」について記述をします。

　アメリカの教育心理学者のブルームは「教育評価の機能」として，「診断的評価」「形成的評価」「総括的評価」の３つの分類を提案しています。

診断的評価

　「個別の指導計画」でいえば「子どもの様子」にあたります。今の子どものリアルな姿について診断的評価をしたものが「子どもの様子」です。診断的評価である「子どもの様子」を基にして「目標」を設定するということになります。

形成的評価

　最初に設定した「目標」や「手立て」は，教師の計画通りに進むとは限りません。したがって，途中で「目標」や「手立て」を修正することが必要になることも多いです。

この指導の修正が，すなわち「形成的評価」です。「形成的評価」を行うことによって，当初に設定した「目標」や「手立て」を修正していくと，より子どもの困難の克服につながっていきます。

総括的評価

「個別の指導計画」の「評価」とは，「総括的評価」のことです。

「目標」に対して「達成できた」「達成できなかった」ということも大事ですが，「どのように取り組んでいたのか」「どのように達成したのか」「あとどのくらいで達成できそうなのか」というような情報なども，あわせて記述していきます。

【「落ち着いて授業に参加できない」子どもの評価の機能による分類】

評価の機能	「個別の指導計画」の記載欄	「個別の指導計画」の記載例
診断的評価	「子どもの様子」	気持ちが落ち着いているときは教室で穏やかに学習できる。
形成的評価	必要に応じて「評価」欄に記載する	クールダウンの場所に移動することを嫌がったので，教室の中で気持ちを落ち着ける方法を考えていく。
総括的評価	「評価」	支援員と一緒にクールダウンをする練習を重ねることによって，気持ちが落ち着かなくなったときには，支援員と一緒であればクールダウンをすることができるようになってきました。

②文例のパターンを応用する

「落ち着いて授業に参加できない」子どもの「評価」について，いろいろなパターンを想定して，「評価」の文例を考えてみます。

通級指導との連携の視点

　この子どもが通級指導を利用していて，目標達成に向けた指導を通級指導で行っていたとします。通級指導での目標達成に向けた取り組みが，在籍学級や日常生活につながっているかどうかを記述します。

【通級指導との連携の視点での「評価」文例】

評価
通級指導で「授業中に気持ちが落ち着かなくなったときのクールダウンの方法」を学び，そのやり方をクラスの授業のときにも行うことができるようになってきました。

目標がまだ達成できていない場合の記述の方法を工夫する

　目標が達成できていない場合は，「○○できませんでした」というネガティブな表現になってしまいがちです。なるべく，ポジティブな表現になるような工夫をすることが必要です。

【目標が達成できていない場合の「評価」文例】

評価
授業中に気持ちが落ち着かなくなったときは，支援員と一緒に空き教室に行ってクールダウンを行うように指導しました。まだ教室に留まりたい気持ちが強いようです。

数値で表す

　数値を使用すると「どのくらい」目標が達成できたのかという具体がわかりやすくなります。

【数値で表す「評価」文例】

評価
授業中に気持ちが落ち着かなくなったときが今学期に<u>10回</u>ありましたが，そのうち<u>5回</u>は支援員と一緒に空き教室に行ってクールダウンを行うことができました。

　この事例の他では，「＊＊が80％できました」「10問中7問できました」「ひらがなを25文字覚えて書くことができました」のような数値で表すことも考えられます。

述語の動詞を工夫する

　述語の動詞を工夫することで，「これについてはできます」というニュアンスを伝えることができます。

【述語の動詞を工夫した「評価」文例】

評価
授業中に気持ちが落ち着かなくなったときは，支援員と一緒に空き教室に行ってクールダウンを行う方法があることを<u>知る</u>ことができました。

特別の教育課程と「個別の指導計画」

> **Check!**
>
> ## 2つの書類の合理化を図る
> ① 「特別の教育課程」→「個別の指導計画」の順序で作成する
> ② 「特別の教育課程」と「個別の指導計画」を同時期に作成する

障害のある児童に対して，通級による指導を行い，特別の教育課程を編成する場合には，特別支援学校小学部・中学部学習指導要領第7章に示す自立活動の内容を参考とし，具体的な目標や内容を定め，指導を行うものとする。その際，効果的な指導が行われるよう，各教科等と通級による指導との関連を図るなど，教師間の連携に努めるものとする。（小学校学習指導要領解説　総則編）

①「特別の教育課程」→「個別の指導計画」の順序で作成する

　通級指導を利用している子どもは，本来は在籍学級で受けるべき授業の時間の一部を，通級指導に振りかえています。そのため，通級指導を利用している子どもについては，その子どもについて「特別の教育課程」を編成することになります。

　一般の教育課程では，例えば小学校1年生では，国語科は306時間行う，算数科は136時間行うなど年間の授業時数について，年度初めにあらかじめ決められています。また，各教科の指導の重点なども細かに規定しています。

通級指導を利用している子どもは，在籍学級の授業の一部を，通級指導の時間に充てることになります。すなわち，**一般の教育課程（学校で定められた教育課程）とは，異なる授業を受ける**ということになります。

　そのため通級指導を利用する子どもについては，その子どものための「特別の教育課程」が編成されるということになります。

【教育課程と「特別の教育課程」の比較（小学校学習指導要領解説　総則編より）】

一般の教育課程（学校で定められた教育課程）	特別の教育課程
各教科，道徳科，外国語活動，総合的な学習の時間及び特別活動について，それらの目標やねらいを実現するように，教育の内容を学年段階に応じ授業時数との関連において総合的に組織した学校の教育計画。	特別支援学校小学部・中学部学習指導要領第7章に示す自立活動の内容を参考とし，具体的な目標や内容を定め，指導を行うもの。

　さて，ここで重要なのは「特別の教育課程」と「個別の指導計画」の関係性です。

> 　個別の指導計画は，教育課程を具体化し（後略）（小学校学習指導要領解説　総則編）

　順序からすると，**「特別の教育課程」が編成されてから，「個別の指導計画」を作成することによって，その子どもにどのような指導を行うのかが具体化される**ということになります。

　つまり，**「個別の指導計画」は，「特別の教育課程」をベースにして作成することが必要だ**ということです。

　特別支援教育コーディネーターは，まず通級指導を利用している子どもについての「特別の教育課程」の存在を確認しましょう。「特別の教育課程」を誰が，いつ，どのように作成しているのかということを把握することが必

要です。

② 「特別の教育課程」と「個別の指導計画」を同時期に作成する

- -

【「特別の教育課程」と「個別の指導計画」の比較】

特別の教育課程	個別の指導計画
・通級指導における指導方針について表す。 ・通級指導を行う日や時数等を明確にする。	・在籍学級や通級指導において，どのように指導を行っていくのか，「目標」「手立て」「評価」を表す。

　「特別の教育課程」は，一般の教育課程（学校で定められた教育課程）と同じタイミングで作成し，教育委員会に届け出ることになります。年度末の３月頃から年度初めの４月頃であることが多いです。

　「特別の教育課程」の作成者はその子どもの在籍校の校長となっていますが，実質的には通級指導担当が原案を作成することが多いでしょう。

　一方「個別の指導計画」は，年度初めの４月以降に作成することが多いです。特別支援教育コーディネーターが取りまとめをしますが，実質的な作成者は各担任が行うことになることが多いようです。

　よく考えてみたら，同じような内容のものをバラバラに作成していることは非効率的です。ここを合理化していく発想があるとよいです。

　「特別の教育課程」と「個別の指導計画」を同時期に作成することで効率が上がるのであれば，そのように改善していくことも検討するとよいでしょう。**そのような調整の仕事が，特別支援教育コーディネーターに求められる「コーディネート」の仕事**なのです。

＊＊＊＊＊第＊＊号
令和＊年＊月＊日

＊＊＊＊教育委員会　殿

学校名　＊＊＊立＊＊小学校
校長氏名　＊＊＊　＊＊＊

令和＊年度　児童の教育課程について

　このことについて、＊＊＊＊の管理運営に関する規則に基づき通級指導教室による指導を下記の通りお届けいたします。

記

1　当該児童の学年・氏名　　　第＊学年　　氏名　＊＊　＊＊

2　障害種別・障害の状態　　　障害種別　自閉症
　　　　　　　　　　　　　　　自分が決めたやり方に固執し、予定の変更などがあった
　　　　　　　　　　　　　　　ときの対応が難しいことがある。

3　指導目標
　・状況に合わせて、柔軟な対応が取れるようにする

4　指導の基本方針
　　指導目標を達成するためには、自立活動「2　心理的安定」の「(2)状況の理解と変化への対応に関すること」を」中心とした指導を行う。その際は、「3　人間関係の形成」「4　環境の把握」「6　コミュニケーション」と関連させた指導を行う。

5　主な指導内容
　・困った時の対処方法について、教師と一緒に考える学習を行う。
　・自分の思いを適切な形で他者に伝える学習を行う。

6　指導時数　　　週　2時間（週　1回）

	月曜日	火曜日	水曜日	木曜日	金曜日
1校時		自立活動			
2校時		自立活動			
3校時					
4校時					
5校時					
6校時					

7　指導開始日　　　令和＊年＊月＊日

「個別の教育支援計画」と
「個別の指導計画」

Check!

ポイントは「合理的配慮」
①合理的配慮と特別支援教育の違いを理解する
②主語の違いを理解する

　教育，医療，福祉，労働等の関係機関が連携・協力を図り，障害のある児童の生涯にわたる継続的な支援体制を整え，それぞれの年代における児童の望ましい成長を促すため，個別の支援計画を作成することが示された。この個別の支援計画のうち，幼児児童生徒に対して，教育機関が中心となって作成するものを，個別の教育支援計画という。(小学校学習指導要領解説　総則編)

　「個別の教育支援計画」と「個別の指導計画」の違いについて，次ページの表のような整理や説明が，類書や各自治体のリーフレット等で散見されます。しかし，この説明で具体を理解するのは難しいのではないでしょうか。

【「個別の支援計画」「個別の教育支援計画」「個別の指導計画」】

書類名	目的	作成者
個別の支援計画	教育，医療，福祉，労働等の関係機関が連携・協力を図り，障害のある児童の生涯にわたる継続的な支援体制を整え，それぞれの年代における児童の望ましい成長を促す。	学校以外
個別の教育支援計画		学校
個別の指導計画	障害のある児童など一人一人の指導目標，指導内容及び指導方法を明確にする。	学校

①合理的配慮と特別支援教育の違いを理解する

　「個別の教育支援計画」と「個別の指導計画」の違いを理解するためには，「合理的配慮」と「特別支援教育」の違いを理解することがポイントです。

　学校では合理的配慮と特別支援教育は混同されがちです。この２つは別物だというところからスタートしてみましょう（そもそも合理的配慮は，学校だけでなく社会全体で求められています。話をわかりやすくするために，ここでは「学校の教育活動」に限定して，「障害のある子どもに対しての合理的配慮」について考えていくことを，あらかじめご了解ください）。

合理的配慮の視点

　合理的配慮は，一人一人の障害の状態や教育的ニーズ等に応じ，設置者・学校及び本人・保護者により，発達の段階を考慮しつつ合意形成を図った上で提供されることが望ましく，その内容を個別の教育支援計画に明記することが重要であること。（文部科学省，平成27年）

　この通知からもわかるように，**合理的配慮については「個別の教育支援計**

画」に記載していくことが望まれます。

　障害のある子どもは，学校の教育活動において，どんなに頑張っても，現実的に難しいことがあります。どんなに頑張っても，現実的に難しいことがあるからこそ，「障害のある子ども」なのです。

　この視点からスタートするのが，学校における合理的配慮の考え方です。

視力の弱い子どものケース

　視力が0.1の子どもに対して「明日までに視力を1.0に回復する」というのは，どんなに頑張っても難しいことです。

　「どんなに頑張っても，現実的に難しいことがある」という視点が，学校における合理的配慮です。だから，視力の弱い子どもがいたら，座席を前方に変更したり，あるいは眼鏡をかけるように保護者に連絡したりする対応を，教師が行っています。これは，合理的配慮に基づいた対応です。

　これらの対応は，子どもの力そのものを高めるものではないということがポイントです。この事例でいえば，座席を前方にしたからといって，視力そのものが1.0に高まるわけではありません。

　何のための対応なのかを再確認しましょう。**合理的配慮は，子どもが授業に参加できるようにするための対応**です。座席を前方に変更したり，あるいは眼鏡をかけるように保護者に連絡したりする対応は，視力の弱い子どもが授業に参加できるようにするための対応なのです。

学習障害（LD）の小学校３年生シンゴさんのケース

　シンゴさんは，とりわけ算数が苦手です。小学校２年生のうちに「かけ算九九」が覚えられないまま，３年生になってしまいました。

　３年生では「わり算」の授業が始まります。シンゴさんに対して「今すぐにかけ算九九を覚える」という目標は適切でしょうか。おそらく「どんなに頑張っても，現実的には難しい」でしょう。

　しかし，小学校３年生では，シンゴさんの事情に関係なく，算数科ではわ

り算の授業が行われます。そうであるなら，シンゴさんが授業に参加できるようにするための合理的配慮が必要です。

　例えば，わり算の授業の際は，かけ算九九の式と答えがすべて載っている「九九表」を用意するのは合理的配慮になります。手元に置いて見たり，あるいは掲示物にして教室に貼って置いたりすることもできます。「九九表」があれば，シンゴさんもわり算の授業に参加しやすくなるでしょう。

【シンゴさんの個別の教育支援計画　文例】

目標	手立て
算数の時間にはかけ算九九について配慮して，授業に参加できるようにする。	「九九表」を使用して，授業に参加できるようにする。

特別支援教育の視点

　さて，合理的配慮に基づく対応をしたからといって，シンゴさんがかけ算九九を覚えることには直接的にはつながりません。

　「九九表なんか渡していたら，ますますかけ算九九を覚える機会がなくなってしまうのでは？」と思ってしまう教師もいるでしょう。確かにシンゴさんはまだ3年生ですから，ここでかけ算九九を覚える機会を逃してしまうことはもったいないかもしれません。

　学習面に直結することに合理的配慮を講じると，子どもが学校で身に付けるべき力を保障できないことがあります。

　そこで大切になってくるのが，特別支援教育の考え方です。

　特別支援教育は，障害のある子どもの特性に応じた指導を行うものです。

　例えば，シンゴさんが視覚優位の子どもであれば「フラッシュカード」を使ってかけ算九九を覚える学習をすることは，子どもの特性に応じた指導といえます。シンゴさんが聴覚優位の子どもであれば「かけ算の歌」を聞いたり歌ったりしてかけ算九九を覚える学習をすることが，子どもの特性に応じた指導になります。これが，特別支援教育です。

学校では，合理的配慮と特別支援教育は混同されがちだと述べました。**特別支援教育は，授業に参加するための対応である合理的配慮とは性質が異なるものなのです。**

　特別支援教育は，障害のある子どもの特性に応じた指導を行うものですので，「個別の指導計画」に記載することになります。シンゴさんの「個別の指導計画」には，かけ算九九を覚えるための特別支援教育について記述していきます。

【シンゴさんの個別の指導計画　文例その１】

目標	手立て
かけ算九九を覚える。	【視覚優位なら】 ・フラッシュカードを用いる。 【聴覚優位なら】 ・かけ算九九の歌を用いる。

　そもそも「個別の指導計画」とは，学校の教育課程以外のことを計画的に行うためのものです。３年生では「かけ算九九を覚える」ことは，在籍学級の年間指導計画には載っていません。つまり，教育課程以外の学習内容を，シンゴさんだけが特別に学校で行うということになります。だから「個別の指導計画」の作成が必要になってくるのです。

【シンゴさんの個別の指導計画　文例その２】

目標	手立て
自分の感覚の特性に応じた学習方法を知る。	聴覚的な教材（かけ算の歌）を用いて，かけ算九九を覚える学習を行う。

　これは，もしシンゴさんが通級指導を利用していた場合の「個別の指導計画」です。通級指導では，自立活動の指導が行われます。したがって，自立

活動の視点での目標や手立ての設定を行います（自立活動については，2章をご覧ください）。

②主語の違いを理解する

ここで改めて，「個別の教育支援計画」と「個別の指導計画」について整理してみましょう。先ほど説明した表現を用いてみます。

特に，**目標の文章の「主語の違い」に着目することが，文章作成の技法となります**。「個別の教育支援計画」は，主語が「周囲」（教師や支援者等）になります。「個別の指導計画」は，主語が「子ども」になります。

【「個別の教育支援計画」と「個別の指導計画」の違いのまとめ】

書類名	目的	目標の文例と主語
個別の教育支援計画	障害のある子どもが，授業に参加するにあたって，「どんなに頑張っても，現実的に難しいことがある」ため，どのように対応するのかを表す。つまり合理的配慮について記載する。	「算数の時間にはかけ算九九について配慮して，授業に参加できるようにする」（主語は「周囲」。「周囲」とは教師や支援者等のこと）
個別の指導計画	障害のある子どもの力を高めていくために，その子どもの特性に応じた特別な指導について表す。つまり，特別支援教育について記載する。	・かけ算九九を覚える。 ・自分の感覚の特性に応じた学習方法を知る。（主語は子ども）

ChatGPT を用いた 「個別の指導計画」の作成

Check!

生成 AI を「個別の指導計画」作成に生かす
① 「個別の指導計画」のたたき台を作成する
② 作成された「たたき台」を修正する

ChatGPT をはじめとする生成 AI を教育現場で活用していく取り組みが見られるようになってきました。

ここでは，ChatGPT を「個別の指導計画」の作成にどのように活用できるかを考えてみたいと思います。なお，本書の情報は2023年11月時点のものです。

① 「個別の指導計画」のたたき台を作成する

ChatGPT を利用するためには，ユーザー登録が必要です。紙幅の都合上，ここでは ChatGPT の登録方法や利用方法については割愛します。詳細な利用法については，他の情報をあたっていただければと思います。

また，学校現場で ChatGPT を使用する際には，情報の信頼性や個人情報の保護など配慮する事項がいくつかあります。文部科学省，各自治体や学校等のガイドラインに従ってください。

ChatGPT は，人間が「質問」を入力することによって，すべてが始まります。この質問の入力文章のことを「プロンプト」といいます。

したがって，プロンプト（入力文章）をどのように書くかというところが，技法のポイントになります。

- プロンプトに入力してはいけない情報
- プロンプトに入力する情報
- プロンプトの作成

プロンプトに入力してはいけない情報

端的に言えば，子どもに関する「個人情報」はプロンプトに入力してはいけません。

- 子どもの氏名
- 子どもの生年月日
- 学校名
- 所属学級　等

プロンプトに入力する情報

「個別の指導計画」を作成するという目的では，最低限，以下の情報をプロンプトに入力する必要があります。

- 「個別の指導計画」を作成するということ
- 目標達成のための期間
- 子どもの様子

プロンプトの作成

　では，これらの情報を ChatGPT に入力してみます。例えば，以下のような表現でプロンプトを作成しました。

【「個別の指導計画」作成のためのプロンプト例】

次のような子どもの「個別の指導計画」において，３か月間程度で達成可能な短期目標を作成してください

・授業中に，不規則に大声で話してしまうことがあり，授業を中断させてしまう。
・たまに，授業中に立ち歩き，教室から出て行ってしまうことがある。
・教師が個別に関わるとうれしそうにする。
・友だちに対しては，優しく接することができる。

【ChatGPT の回答】

以下は，上記の状況に基づいて作成された子どもの「個別の指導計画」における３か月間の短期目標です。

短期目標（３か月間）：子どもが授業中の行動に関する適切なルールと行動を理解し，実践することで，授業の途中での中断や教室外へ出て行くことが減少し，クラス参加が向上する。

対応策：
1. 授業中の行動の理解と意識付け：子どもに授業中の適切な行動とその重要性について話し，他の生徒たちに与える影響を説明する。具体

的なルールや期待についても明確に伝える。

2．行動の代替手段の提供：（中略）

3．教師との関わりの強化：（中略）

4．友達との対人関係の強化：（中略）

②作成された「たたき台」を修正する

　ChatGPTで生成されたものをご覧になって，「これは使える！」と思われたでしょうか。

　きっと多くの方は「このままでは使えない」と感じられたことと思います。

　もちろん，ChatGPTで生成されたものをそのまま「個別の指導計画」にすることは厳しいです。ChatGPTは，内容的に誤ったことを生成することもあります。

　この段階で「やはりChatGPTは信用ならないから使わないでおこう」という選択肢も，もちろんアリです。

　しかし，そのまま使うのではなく，これは「たたき台」だと考えたらどうでしょうか。

　「個別の指導計画」は，ゼロベースの状態から作成することがとても大変です。それよりは，ある程度，作成してある「たたき台」があった方がありがたいという教師もいるでしょう。特に，特別支援教育コーディネーターの立場だと，子どものことを詳しく知っているわけではないので，「たたき台」を担任教師に示せれば，役目としては十分かもしれません。

　「たたき台」を修正して，子どもの実態に合ったものを作成していけば，担任教師も特別支援教育コーディネーターもかなり負担が減ると思われます。

【たたき台を修正するときのポイント】

- 子どもの状況の文脈やシチュエーション等を加えてプロンプトを作成する
- 「指導場面」を加えてプロンプトを作成する
- 生成された文章から，さらに質問のプロンプトを作成する

子どもの状況の文脈やシチュエーション等を加えてプロンプトを作成する

　「授業中に，不規則に大声で話してしまう」ことについて，「なぜ，そのような行動をとっているのか」という状況によって変わってきます。

【授業中に，不規則に大声で話してしまう状況例】

- 不安な気持ちが強いために，授業中に不規則に大声で話してしまう。
- 周囲の状況を読み取ることが難しいために，授業中に不規則に大声で話してしまう。

　同じ「授業中に不規則に大声で話してしまう」という表現になりますが，子どもの状況が異なります。状況の文脈やシチュエーションを加えてプロンプトを作成すると，また違う答えが出てくることがあります。

　この例にあるような観点については，２章からの「自立活動」を参考にしてください。

「指導場面」を加えてプロンプトを作成する

　「指導場面」を特定すると，より具体性が増します。

【「指導場面」を追加したプロンプト例】

> 次のような子どもの「個別の指導計画」において，<u>通常の学級の放課後の取り組みとして，かつ３か月間程度で達成可能な短期目標</u>を作成してください。

生成された文章から，さらに質問のプロンプトを作成する

　ChatGPTで生成された答えについて，その内容に対してさらに質問をすることによって，より具体的なアイディアに結び付けることができるようになります。

　例えば，先ほどの「個別の指導計画」の対応策のところで「授業中の行動の理解と意識付け」という文章が生成されました。これについて，さらに質問するプロンプトを作成してみました。

【質問のプロンプト例】

> 「授業中の行動の理解と意識付け」を行うためにできる具体的な手立ては何ですか？

　筆者が，このプロンプトを用いてChatGPTで聞いたところ，いくつか「手立て」の案が出てきました。その中に「行動カードやポスターの活用」というものがありました。行動カードやポスターなどは，授業中のルールなどをわかりやすく伝えるための「手立て」となるでしょう。これが，その子どもに効果的かどうかは，実際の担任が判断する必要があります。

　このように，「目標」に応じた「手立て」を考えるときも「たたき台」としてChatGPTを活用することができそうです。

2章

自立活動を基に
「個別の指導計画」を
作成する技法

自立活動を基に
「個別の指導計画」を作成する

Check!

自立活動は「個別の指導計画」作成における最強ツール！
①ワンランク上の「個別の指導計画」を作成する
②「自立活動」の視点を用いて分析する技法を身に付ける

①ワンランク上の「個別の指導計画」を作成する

　前章では，学習指導要領解説等の記述を基に「個別の指導計画」の大枠について理解を深めました。

　これで，「個別の指導計画」の作成において，「子どもの様子」から「目標」と「手立て」を考えていくことが，とりあえずはできるようになるでしょう。「まずはこれだけできていれば合格点」レベルの「個別の指導計画」を作成する技法について紹介いたしました。

　しかし，その「個別の指導計画」が本当に子どもの実態にふさわしいものか，というところを本来は検討しなければなりません。これは「言うは易し，行うは難し」。それなりの技法が必要な作業です。

　そこで，本章ではワンランク上の「個別の指導計画」を作成するための技法について紹介いたします。

　特別支援教育コーディネーターとしては，ワンランク上の「個別の指導計画」を作成する技法をしっかりと理解して，校内の先生方に説明できるようになっていただきたいと思います。

②「自立活動」の視点を用いて分析する技法を身に付ける

　ワンランク上の「個別の指導計画」を作成する技法とは，端的に言えば，「子どもの様子」を「自立活動」の視点を用いて分析するということです。

　「自立活動」の視点を用いて分析するとは，いったいどのようなことでしょうか。

　例えば，「一方的なやり取りをしてしまう」という子どもがいたとします。友だちと会話しているときに，相手の話を聞かず，自分の主張だけを一方的にしてしまうような子どもの姿が想像できます。

　ちなみに，この子どもにとって，「一方的なやり取りをしてしまう」というのは「主訴」と呼ばれます。

　さて，この子どもは，どうして「一方的なやり取りをしてしまう」のでしょうか。これは「子どもの様子」を分析しないとわかりません。

　実は「個別の指導計画」の作成においては，具体的な「目標」や「手立て」を考えやすくするためには，「子どもの様子」を分析することが必要です。この分析が，現状とズレてしまうと，頑張って考えた「目標」も「手立て」も，すべてズレてしまうのです。

　では，どのように分析をすればよいのでしょうか。教師が，子どもの分析を行うために使えるツールが，実は存在するのです。

　それが「自立活動」です。

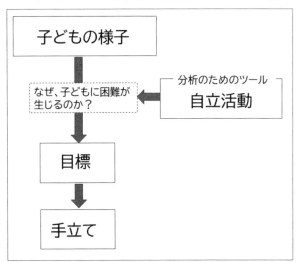

自立活動とは

Check!

子どもの様子を自立活動の視点で分析する
①自立活動の基礎知識を身に付ける
②6区分で分析する

①自立活動の基礎知識を身に付ける

「自立活動」の視点で分析することは，コツさえつかめば，経験の浅い特別支援教育コーディネーターでも簡単に行うことができます。

まずは，前提として「自立活動とは何か」ということについて理解しておきましょう。

・通級指導は「自立活動」の指導のみ
・「自立活動」は系統的ではなく段階的
・「自立活動」に全員共通の内容はない
・「自立活動」は6区分27項目

通級指導は「自立活動」の指導のみ

自立活動は，特別支援学校の指導領域として設定されているものです。

しかし，通級指導でも自立活動の授業が行われています。正確に言うならば，自立活動の授業しか行っていません。

通級指導を利用している子どもは，自立活動の指導を受けているので，「個別の指導計画」に自立活動の視点を取り入れることは，実はとても合理的なのです。

「自立活動」は，系統的ではなく段階的

　通常の学級における教科の学習は，学年ごとに学ぶべき内容がだんだん高度になっていきます。１年生で学んだことを生かして２年生の学習をする，２年生で学んだことを生かして３年生の学習をする，というようになります。これを「系統的な学習」や「系統性」と表現します。教科書は，系統的な学習ができるように，教科の系統性に沿って編集されています。

　これに対して自立活動は，系統的な学習をするものではありません。１年生で学んだことを生かして２年生の学習をする，２年生で学んだことを生かして３年生の学習をする，というような系統性はありません。

　自立活動では，系統的ではなく，「段階的な学習」という表現をよく用います。１章でも説明しましたが，「段階的な学習」とは，いわゆるスモールステップの指導のことです。

　できないことをできるようにするためには，いきなり高い目標を設定しても無理です。到達しやすい目標を，少しずつ一歩一歩クリアしていくことで，最終的な目標に到達するようにしていきます。

「自立活動」に全員共通の内容はない

　教科の学習は，学習指導要領にて示されている内容を，通常の学級のすべての子どもが履修しなければなりません。「私は国語科はやりません」「かけ算は塾で習ったので，学校では違うことをやります」ということはあり得ません。

　これに対して，**自立活動は全員で同じことを学ぶものではありません**。AさんとBさんの学習内容が違うということは，大いにあり得ますし，むしろそれが普通です。子どもの困難に応じて必要な学習をチョイスして指導する

のが，自立活動です。

	教科の学習	自立活動
指導の場	通常の学級	通級指導　※
系統性	系統性がある。	系統性はない。 （段階的な指導はある）
学習内容	すべての子どもが同じ内容を履修することが基本。	子どもの困難に応じて必要な学習をチョイスして指導する。

※特別支援学級と特別支援学校では，教科の学習と自立活動の両方を行います。

自立活動は6区分27項目

```
1　健康の保持
2　心理的な安定
3　人間関係の形成
4　環境の把握
5　身体の動き
6　コミュニケーション
```

これは自立活動の**6区分**と呼ばれています。「子どもの様子」，特に「主訴」に当たる部分が，この6区分のどれに該当するのかを分析するのです。

特別支援教育コーディネーターとして，この6区分を知っていれば，「個別の指導計画」を作成する際の分析が容易になります。

さらに，この6区分の下に，それぞれ3〜5の**項目**が設定されています。この**項目**はトータルで27項目あります。これは**6区分27項目**と呼ばれています。

1　健康の保持
　(1)　生活のリズムや生活習慣の形成に関すること。
　(2)　病気の状態の理解と生活管理に関すること。
　(3)　身体各部の状態の理解と養護に関すること。
　(4)　障害の特性の理解と生活環境の調整に関すること。
　(5)　健康状態の維持・改善に関すること。

2　心理的な安定
　(1)　情緒の安定に関すること。
　(2)　状況の理解と変化への対応に関すること。
　(3)　障害による学習上又は生活上の困難を改善・克服する意欲に関すること。

3　人間関係の形成
　(1)　他者とのかかわりの基礎に関すること。
　(2)　他者の意図や感情の理解に関すること。
　(3)　自己の理解と行動の調整に関すること。
　(4)　集団への参加の基礎に関すること。

4　環境の把握
　(1)　保有する感覚の活用に関すること。
　(2)　感覚や認知の特性についての理解と対応に関すること。
　(3)　感覚の補助及び代行手段の活用に関すること。
　(4)　感覚を総合的に活用した周囲の状況についての把握と状況に応じた行動に
　　　関すること。
　(5)　認知や行動の手掛かりとなる概念の形成に関すること。

5　身体の動き
　(1)　姿勢と運動・動作の基本的技能に関すること。
　(2)　姿勢保持と運動・動作の補助的手段の活用に関すること。
　(3)　日常生活に必要な基本動作に関すること。
　(4)　身体の移動能力に関すること。
　(5)　作業に必要な動作と円滑な遂行に関すること。

6　コミュニケーション
　(1)　コミュニケーションの基礎的能力に関すること。
　(2)　言語の受容と表出に関すること。
　(3)　言語の形成と活用に関すること。
　(4)　コミュニケーション手段の選択と活用に関すること。
　(5)　状況に応じたコミュニケーションに関すること。

自立活動の6区分27項目

②6区分で分析する

　自立活動の6区分で「子どもの様子」を分析する技法について，「**一方的なやり取りをしてしまうことがある**」という6名の子どものケースを基に，具体的にみてみましょう。

ユウスケさんの場合

> ユウスケさんは昼夜逆転の生活をしていて，昼間の活動はイライラしがちです。そのため，一方的なやり取りをしてしまうことがあります。

　「昼夜逆転」した生活という健康状態が，ユウスケさんの一方的なやりとりの原因として考えられそうです。この場合は「**1　健康の保持**」の区分となります。

アヤさんの場合

> アヤさんは，自分の間違いを注意されることをとても恐れているので，一方的なやり取りをしてしまうことがあります。

　アヤさんの場合は「恐れている」という恐怖心が，一方的なやり取りの原因として考えられそうです。この場合は「**2　心理的な安定**」の区分となります。

ケンジさんの場合

> ケンジさんは，相手の表情を見て，どのような気持ちになっているのかを判断することが難しいため，一方的なやり取りをしてしまうことがあ

りします。

　ケンジさんは，おそらく他者の気持ちを推し量るのが難しい子どもだと考えられます。そのことが一方的なやり取りの原因として考えられそうです。この場合は「3　人間関係の形成」の区分となります。

ミオさんの場合

　ミオさんは，ガヤガヤした環境の中では相手の話していることがうまく聞き取れず，そのため一方的なやり取りになってしまうことがあります。

　相手の話していることがうまく聞き取れないと，確かに一方的なやり取りになってしまいがちです。この場合は「4　環境の把握」の区分となります。

シンゴさんの場合

　肢体不自由の通級指導を利用するシンゴさんは，自分でできそうなことも，一方的に介助者に物を頼むことが習慣化してしまっています。

　コミュニケーション面にも課題があると考えられますが，自分でできることはするようにすることが重要です。したがって「5　身体の動き」の区分となります。

ルリさんの場合

　ルリさんは，気持ちを「あー」「うー」と大声で伝えている。そのため，一方的なやり取りになることが多いです。

言いたいことを言葉で伝えられないことが，一方的なやり取りの原因として考えられそうです。この場合は「6　コミュニケーション」の区分となります。

今見てきた6名の子どもは，全員同じ「一方的なやり取りをしてしまうことがある」という主訴です。しかし，同じ主訴であったとしても，6者6様でした。このように，子どもの実態は多様です。

しかし，分析のツールとして「自立活動」を用いることによって，子どもの様子をざっくりと6つに分類することができました。

この分類によって，「個別の指導計画」の「目標」が考えやすくなるのです。

自立活動の6区分と27項目を用いて，「個別の指導計画」の「目標（長期目標）」の設定をしてみましょう。

「1　健康の保持」に分類したユウスケさんの場合

ユウスケさんは昼夜逆転の生活をしていて，昼間の活動はイライラしがちです。そのため，一方的なやり取りをしてしまうことがあります。

区分	1　健康の保持
項目	(1)生活のリズムや生活習慣の形成に関すること
長期目標	昼夜逆転を改善する。

ユウスケさんの場合は，「昼夜逆転」という生活リズムに関することが課題となっています。したがって，「1(1)生活のリズムや生活習慣の形成に関すること」の視点での指導が必要となります。

目標は，シンプルに「昼夜逆転を改善する」となります。

「2　心理的な安定」に分類したアヤさんの場合

	アヤさんは、自分の間違いを注意されることをとても恐れているので、一方的なやり取りをしてしまうことがあります。
区分	2　心理的な安定
項目	(1)情緒の安定に関すること
長期目標	安心してやり取りに参加することができる。

　アヤさんの場合は、恐怖心が課題となっていました。したがって、「2(1)情緒の安定に関すること」の視点で、「安心してやり取りに参加することができる」という目標を設定しました。

「3　人間関係の形成」に分類したケンジさんの場合

	ケンジさんは、相手の表情を見て、どのような気持ちになっているのかを判断することが難しいため、一方的なやり取りをしてしまうことがあります。
区分	3　人間関係の形成
項目	(2)他者の意図や感情の理解に関すること
長期目標	相手の表情から、気持ちを想像することができる。

　ケンジさんの場合は、他者の気持ちを読み取るのが難しいことが課題でした。したがって、「3(2)他者の意図や感情の理解に関すること」の視点で、「相手の表情から、気持ちを想像することができる」という目標を設定しました。

「4　環境の把握」に分類したミオさんの場合

ミオさんは，ガヤガヤした環境の中では相手の話していることがうまく聞き取れず，そのため一方的なやり取りになってしまうことがあります。	
区分	4　環境の把握
項目	(3)感覚の補助及び代行手段の活用に関すること
長期目標	自分で，苦手な環境に応じることができるような方法を考えることができる。

　ミオさんの場合は，ガヤガヤした環境の中で相手の話を聞き取ることが難しいことが課題でした。したがって，「4(3)感覚の補助及び代行手段の活用に関すること」の視点で「自分で，苦手な環境に応じることができるような方法を考えることができる」という目標を設定しました。

「5　身体の動き」に分類したシンゴさんの場合

肢体不自由の通級指導を利用するシンゴさんは，自分でできそうなことも，一方的に介助者に物を頼むことが習慣化してしまっています。	
区分	5　身体の動き
項目	5(3)日常生活に必要な基本動作に関すること
長期目標	自分でできそうなことは自分でできるようにする。

　シンゴさんの場合は，自分でできそうなことも，一方的に介助者に物を頼むことが習慣化してしまっていることが課題でした。したがって，「5(3)日常生活に必要な基本動作に関すること」の視点で，「自分でできそうなことは自分でできるようにする」という目標を設定しました。

「6 コミュニケーション」に分類したルリさんの場合

	ルリさんは，気持ちを「あー」「うー」と大声で伝えている。そのため，一方的なやり取りになることが多いです。
区分	6　コミュニケーション
項目	6(2)言語の受容と表出に関すること
長期目標	相手に伝えるための言葉を習得する。

　ルリさんの場合は，気持ちを「あー」「うー」と大声で伝えていることが課題でした。したがって，「6(2)言語の受容と表出に関すること」の視点で，「相手に伝えるための言葉を習得する」という目標を設定しました。

　「一方的なやり取りをしてしまうことがある」という6名の子どもについて自立活動の視点で分析・分類を行うことで，子どもの実態に応じた「個別の指導計画」の目標設定へとつなげました。
　自立活動には，学習指導要領があります。だから，教師の専門性における最強のアセスメントツールになるのです。

　次のページからは，6区分それぞれにおいて，さらに細かく「個別の指導計画」の短期目標，長期目標，手立て，評価の実際をみていきましょう。

区分1　健康の保持

> **Check!**
>
> 「1　健康の保持」を基に「個別の指導計画」を作成する
> ①「子どもの様子」から「目標」を設定する
> ②「目標」から「手立て」を設定する

①「子どもの様子」から「目標」を設定する

子どもの様子
髪型はいつもボサボサ。服はシャツがはみ出していることが多い。友だちからは，不潔だという目で見られていることもある。

　1章で紹介した目標設定のステップに沿って，「子どもの様子」から「目標」を設定してみたいと思います。

ステップ1「一人でできる課題」を明らかにする

　ネガティブ表現をポジティブ表現に言い換えます。

ネガティブな表現	髪型はいつもボサボサ。服はシャツがはみ出していることが多い。友だちからは，不潔だという目で見られていることもある。
ポジティブな表現	・声をかければ，髪をブラシでとかすことができる。 ・声をかければ，シャツを服の中に入れることができる。

　「声をかければできる」というのはポジティブな表現です。これは「一人

でできる課題」となります。

ステップ2「支援があってもできない課題」を明らかにする

一人でできる課題（ポジティブ表現の「子どもの様子」）
・声をかければ，髪をブラシでとかすことができる。 ・声をかければ，シャツを服の中に入れることができる。
支援があってもできない課題（長期目標）
・自分で気づいて，髪をブラシでとかすことができる。 ・自分で気づいて，シャツを服の中に入れることができる。

　この子どもにとって，「自分で気づいて」髪をブラシでとかしたり，シャツを中に入れたりすることができることは，現段階では「支援があってもできない課題」ですが，いずれできるようになってほしいゴール，すなわち長期目標となります。

　「自分で気づいて」というのは，長期目標なので，足場かけが必要です。そこで，「支援があればできる課題」すなわち短期目標を考えていく必要があります。

　自分で気づいて行うことができれば，友だちから不潔だという目で見られることもなくなると思われます。

ステップ３「支援があればできる課題」を明らかにする

一人でできる課題（ポジティブ表現の「子どもの様子」）
・声をかければ，髪をブラシでとかすことができる。 ・声をかければ，シャツを服の中に入れることができる。
支援があればできる課題（短期目標）
・自分の姿について，自分で気づくための方法を知る。 ・自分の姿について，確認するための方法を知る。
支援があってもできない課題（長期目標）
・自分で気づいて，髪をブラシでとかすことができる。 ・自分で気づいて，シャツを服の中に入れることができる。

　一人でできる課題（ポジティブ表現の「子どもの様子」）と，支援があってもできない課題（長期目標）の間に，支援があればできる課題（短期目標）は存在します。

ステップ４「長期目標」と「短期目標」の整合性を確認する

　自分で気づけるようになる（長期目標）のためには，「自分で気づくための方法」や「確認するための方法」を知らなければできません。これらは，短期目標として適切だと判断できます。

②「目標」から「手立て」を設定する
- -

短期目標と手立て

短期目標	手立て
・自分の姿について，自分で気づくための方法を知る。	・鏡を見ながら，髪をとかしたり，シャツを中に入れたりする練習を行う。

・自分の姿について、確認するための方法を知る。	・「身だしなみチェック表」を見ながら、項目を自分でチェックする。

　この手立てについては、自立活動「1(1)生活のリズムや生活習慣の形成に関すること」の指導との関連を図りました。

　短期目標を達成することができるように、鏡を見るというスキルや、身だしなみチェック表を用いるといった手立てを用いることとしました。

短期目標と評価

　指導後は「目標」に対して評価をすることになります。短期目標が達成されたときの文例は、以下のようになります。

短期目標	評価
・自分の姿について、自分で気づくための方法を知る。	・鏡を見ながら、髪をとかしたり、シャツを中に入れたりすることができるようになりました。
・自分の姿について、確認するための方法を知る。	・「身だしなみチェック表」を見ながら、項目を自分でチェックすることができるようになりました。

区分2　心理的な安定

Check!

「2　心理的な安定」を基に「個別の指導計画」を作成する
① 「子どもの様子」から「目標」を設定する
② 「目標」から「手立て」を設定する

① 「子どもの様子」から「目標」を設定する

子どもの様子
学校の活動に対する不安な気持ちが強い。特に，運動会の練習シーズンのときは，いつもの予定と異なったり，急な予定の変更があったりすることがあるので，不安な気持ちを抱きやすい。そのため授業に参加したり，集中したりすることが難しくなっている。

　子どもは様々な原因により，学校の活動に対して不適応を起こすことがあります。その原因が不安な気持ちにありそうな場合は，「2　心理的な安定」の視点での目標設定や指導を考えるとよいでしょう。

　この子どもは，予定の変更に対しての不安な気持ちがあるようです。特に「運動会の練習シーズン」は，日々のルーティンの日課とは動きが異なる期間があったり，天気によって予定が左右されたりすることがあるので困難が現れやすいのでしょう。

ステップ1 「一人でできる課題」を明らかにする

ネガティブな表現	学校の活動に対する不安な気持ちが強い。特に，運動会の練習シーズンのときは，いつもの予定と異なったり，急な予定の変更があったりすることがあるので，不安な気持ちを抱きやすい。そのため授業に参加したり，集中したりすることが難しくなっている。
ポジティブな表現	学校では，いつもの予定と異なったり，急な予定の変更があったりすることを経験しているために，そのようなときに自分が不安になりやすいことを自覚している。

　これまでの学校生活の中で，同じような場面に遭遇しているので，「運動会の練習シーズンはイヤだなあ」というような自覚ができているわけです。不安になりやすいということを子どもが自覚できているということは，「一人でできる課題」としてよいでしょう。

ステップ2 「支援があってもできない課題」を明らかにする

一人でできる課題（ポジティブ表現の「子どもの様子」）
学校では，いつもの予定と異なったり，急な予定の変更があったりすることを経験しているために，そのようなときに自分が不安になりやすいことを自覚している。
支援があってもできない課題（長期目標）
自分で，見通しをもつために必要な情報を入手して，対策をとることができる。

　この子どもが，いくら不安が強い子どもだからといって，学校の予定の変更がなくなることはありません。それが社会生活です。子どもが予定の変化に対応できるようにしていくしかないのです。

　そこで，足場かけが必要です。「支援があればできる課題」（短期目標）を考えていきます。

ステップ３ 「支援があればできる課題」を明らかにする

一人でできる課題（ポジティブ表現の「子どもの様子」）
学校では，いつもの予定と異なったり，急な予定の変更があったりすることを経験しているために，そのようなときに自分が不安になりやすいことを自覚している。

支援があればできる課題（短期目標）
事前に「今日は予定の変更があるかもしれない」という見通しをもって，そのときにどうしたらよいかを考えることができる。

支援があってもできない課題（長期目標）
自分で，見通しをもつために必要な情報を入手して，対策をとることができる。

ステップ４ 「長期目標」と「短期目標」の整合性を確認する

　自分で，見通しをもつために必要な情報を入手して，対策をとることができる（長期目標）のためには，事前に「今日は予定の変更があるかもしれない」という見通しがもてるようなことが必要です。

② 「目標」から「手立て」を設定する

短期目標と手立て

短期目標	手立て
事前に「今日は予定の変更があるかもしれない」という見通しをもって，そのときにどうしたらよいかを考えることができる。	・年間行事予定表や天気予報を見て，見通しをつける学習を行う。 ・振り返り活動を行う。

　この手立てについては，「２(2)状況の理解と変化への対応に関すること」の指導との関連を図りました。

　例えば，学校の年間行事予定をチェックして「９月は運動会当日まで特別時程になる」という見通しをもったり，天気予報をチェックして「明日の授

業の予定の変更がありそうだ」という見通しをもったりすることが考えられます。

　また，「心配だったけど，事前にわかっていれば，予定の変更に合わせることができた」というような振り返りを続けていけば，予定変更に対する自信もついていくでしょう。

短期目標と評価

短期目標	評価
事前に「今日は予定の変更があるかもしれない」という見通しをもって，そのときにどうしたらよいかを考えることができる。	「心配だったけど，予定の変更に合わせることができた」というような振り返りをすることができました。

区分3　人間関係の形成

Check!

「3　人間関係の形成」を基に「個別の指導計画」を作成する
① 「子どもの様子」から「目標」を設定する
② 「目標」から「手立て」を設定する

① 「子どもの様子」から「目標」を設定する

子どもの様子
相手の言動から想像して，相手が望んでいることや，相手の意図を読み取ることが難しい。そのため，その場にふさわしい振る舞いや対応ができないことがある。友だちとの会話の中でよく使われる言い回しも，なかなか理解できないようだ。最近は，友だちとの関わりが少なくなってきている様子がうかがえる。

　子どもの様子からは対人関係面での困難の様子が読み取れます。したがって，自立活動「3　人間関係の形成」の視点での目標や手立てを考えていく必要がありそうです。

ステップ1 「一人でできる課題」を明らかにする

ネガティブな表現	相手の言動から想像して，相手が望んでいることや，相手の意図を読み取ることが難しい。そのため，その場にふさわしい振る舞いや対応ができないことがある。友だちとの会話の中でよく使われる言い回しも，なかなか理解できないようだ。最近は，友だちとの関わりが少なくなってきている様子がうかがえる。
ポジティブな表現	友だちの話を聞いたり，友だちに対して自分の言いたいことを伝えたりすることができる。

　友だちとの会話は「できるかできないか」でいえば，「できる」子どもです。話を聞いたり，言いたいことを話したりすることはできるけれど，相手への配慮などに課題があるということです。ポジティブな表現を考えると，より子どもについての正確な見取りができるようになります。

ステップ2 「支援があってもできない課題」を明らかにする

一人でできる課題（ポジティブ表現の「子どもの様子」）
友だちの話を聞いたり，友だちに対して自分の言いたいことを伝えたりすることができる。
支援があってもできない課題（長期目標）
・相手の言動から想像して，相手が望んでいることや，相手の意図を読み取ることができる。 ・会話でよく使われる言い回しを理解できるようにする。 ・友だちとの関わりを増やしていく。

ステップ３ 「支援があればできる課題」を明らかにする

一人でできる課題（ポジティブ表現の「子どもの様子」）
友だちの話を聞いたり，友だちに対して自分の言いたいことを伝えたりすることができる。
支援があればできる課題（短期目標）
・人によっていろいろな考えがあることを理解できるようにしていく。 ・わからない言い回しは，友だちに尋ねることができる。
支援があってもできない課題（長期目標）
・相手の言動から想像して，相手が望んでいることや，相手の意図を読み取ることができる。 ・会話でよく使われる言い回しを理解できるようにする。 ・友だちとの関わりを増やしていく。

　支援があればできる課題（短期目標）の１点目「人によっていろいろな考えがあることを理解できるようにしていく」は，自分と他者との違いに気づくことができるようにするための目標です。これは「３(2)他者の意図や感情の理解に関すること」の項目の指導となります。

　２点目「わからない言い回しは，友だちに尋ねることができる」は，言い回しがわからないときのライフハック的なスキルを獲得するための目標です。これは「３(4)集団への参加の基礎に関すること」の項目の指導となります。

ステップ４ 「長期目標」と「短期目標」の整合性を確認する

　相手の言動から想像して，相手が望んでいることや，相手の意図を読み取ることができる（長期目標）ためには，まず「人によっていろいろな考えがあることを理解できるようにしていく」ことが必要です。

② 「目標」から「手立て」を設定する

短期目標と手立て

短期目標	手立て
・人によっていろいろな考えがあることを理解できるようにしていく。	・ロールプレイから，その場の登場人物の意図や感情をいくつか考える。
・わからない言い回しは，友だちに尋ねることができる。	・他者への質問や尋ね方の練習をする。

　1点目の目標「人によっていろいろな考えがあることを理解できるようにしていく」に対しては，「友だちとトラブルになっている場面」を，複数の教師でロールプレイによって演じてみることが考えられます。

　2点目の目標「わからない言い回しは，友だちに尋ねることができる」に対しては，「それって，どういう意味？」とか「わからないから教えて」といった具体的な表現をいくつか用意して，同じように教師相手や小集団活動などで練習していくことが考えられます。

短期目標と評価

短期目標	評価
・人によっていろいろな考えがあることを理解できるようにしていく。	・自分以外の他者の考え方に抵抗を示すことが少なくなってきました。
・わからない言い回しは，友だちに尋ねることができる。	・友だちとの会話で，わからないときに尋ねることができるようになってきました。

区分4　環境の把握

Check!

「4　環境の把握」を基に「個別の指導計画」を作成する
① 「子どもの様子」から「目標」を設定する
② 「目標」から「手立て」を設定する

① 「子どもの様子」から「目標」を設定する

子どもの様子
聴覚的な過敏さがある。学校では，例えば，授業中に話し合い活動をするときなど，教室の中が話し声などでザワザワするのが苦手なようである。我慢しようとしているが，耐え切れない様子も見られることがある。

　大半の子どもたちが平気に過ごしている教室の中の音や光，温度などに対して過敏に反応し，その場にいられないほどの不快感を示す子どもがいます。この子どもの場合は，教室の中の音，すなわち聴覚的な過敏さがあるようです。

　このような子どもに対しては「4　環境の把握」の指導が必要です。

ステップ1 「一人でできる課題」を明らかにする

ネガティブな表現	聴覚的な過敏さがある。学校では，例えば，授業中に話し合い活動をするときなど，教室の中が話し声などでザワザワするのが苦手なようである。我慢しようとしているが，耐え切れない様子も見られることがある。
ポジティブな表現	教室の中が話し声などでザワザワするときに，周りがうるさいと感じることができる。

ステップ2 「支援があってもできない課題」を明らかにする

一人でできる課題（ポジティブ表現の「子どもの様子」）
教室の中が話し声などでザワザワするときに，周りがうるさいと感じることができる。
支援があってもできない課題（長期目標）
自分で，苦手な環境に応じることができるような方法を考えることができる。

　教室がザワザワしてきたときなど自分にとって苦手な環境に対して，自分自身で何とか対処することができれば，困難は克服できます。

　支援があってもできない課題（長期目標）は，その視点で設定しました。しかし，最初から「自分で何とか対処しなさい」と突き放してしまうのは適切とはいえません。

ステップ3 「支援があればできる課題」を明らかにする

一人でできる課題（ポジティブ表現の「子どもの様子」）
教室の中が話し声などでザワザワするときに，周りがうるさいと感じることができる。

支援があればできる課題（短期目標）
うるさくて我慢ができないときの対処方法を，教師と一緒に考えることができる。
支援があってもできない課題（長期目標）
自分で，苦手な環境に応じることができるような方法を考えることができる。

　自分にとって苦手な環境に対して，自分自身で何とか対処する前に，支援があればできる課題（短期目標）を設定します。

　ここでは，対処方法を教師と一緒に考えることを短期目標としました。これは「4(3)感覚の補助及び代行手段の活用に関すること」の項目の指導となります。

ステップ4「長期目標」と「短期目標」の整合性を確認する

　自分自身で苦手な環境に応じることができるような方法を考える（長期目標）前に，教師と一緒に考えること（短期目標）を指導内容とすることは，段階的な指導（スモールステップ）として整合性があります。

② 「目標」から「手立て」を設定する

短期目標と手立て

目標	手立て
うるさくて我慢ができないときの対処方法を，教師と一緒に考えることができる。	どのような対処方法が自分にピッタリ合っているのかということを教師と一緒に探す。

　子どもが感覚の過敏さに関する困難を抱える場合は，自分にとってどのような補助手段や代行手段が有効なのかということを探す視点が必要です。これは「探究的な学習」といってもよいでしょう。

「探究的な学習」については，「総合的な学習の時間」で行われています。「総合的な学習の時間」で学んだことを応用していくということになります。「総合的な学習の時間」で学んだことを生かしながら，実際の指導を考えていくとよいでしょう。

「総合的な学習の時間」の学習指導要領では，以下のようなプロセスが示されています。これを基に，指導例を考えてみます。

【探究的な学習を基にした指導例】

課題の設定	自分が苦手な状況を克服するためには？
情報の収集	インターネット等を使って，どのような対処方法があるかを調べる。
整理・分析	調べたものの中から，実際に試してみるなどして，自分に合うかどうかを探る。
まとめ・表現	在籍学級の担任や家庭に対して，「このようにしたい」ということをプレゼンして認めてもらう。

短期目標と評価

短期目標	評価
うるさくて我慢ができないときの対処方法を，教師と一緒に考えることができる。	いろいろなアイテムを試した結果，「イヤーマフ」が自分に合っていることを見つけました。実際に，自分が苦手な場面で使用しています。

区分5　身体の動き

Check!

「5　身体の動き」を基に「個別の指導計画」を作成する
① 「子どもの様子」から「目標」を設定する
② 「目標」から「手立て」を設定する

① 「子どもの様子」から「目標」を設定する

子どもの様子
授業中に姿勢が崩れやすい。その都度，「姿勢を正しくしましょう」と声かけをしている。姿勢が崩れやすいためか，机の上や回りに持ち物が散らかっていることも多く，そのために必要な作業を行うことができないこともある。机が列から曲がった状態になってしまっていることも多い。

　教室での授業においては，姿勢を正しくすることが求められます。姿勢を正しくすることによって，必要な学習や作業がしやすくなるからです。

　この子どもは，姿勢が崩れやすく，姿勢の乱れに起因して授業時の困難が見られています。自立活動の「5　身体の動き」に関する目標と手立てを考えていくことになります。

ステップ1 「一人でできる課題」を明らかにする

ネガティブな表現	授業中に姿勢が崩れやすい。その都度,「姿勢を正しくしましょう」と声かけをしている。姿勢が崩れやすいためか,机の上や回りに持ち物が散らかっていることも多く,そのために必要な作業を行うことができないこともある。机が列から曲がった状態になってしまっていることも多い。
ポジティブな表現	姿勢が整っていない状態でも授業に参加することができている。

　「姿勢が整っていない状態でも授業に参加することができている」ということを見逃してはいけません。この前提があるからこそ,姿勢を改善することで,より授業に参加しやすくなるという意欲を子どもにもたせることができるようになります。

ステップ2 「支援があってもできない課題」を明らかにする

一人でできる課題（ポジティブ表現の「子どもの様子」）
姿勢が整っていない状態でも授業に参加することができている。
支援があってもできない課題（長期目標）
授業中によい姿勢を保持できるようにする。

　この子どものケースに限らず,一般的に通常の学級では「姿勢を正しくしましょう」と声かけをして,姿勢を直すように指導していることが多いでしょう。この声かけがなくても,「授業中によい姿勢を保持できるようになる」ことが長期目標になります。

ステップ3 「支援があればできる課題」を明らかにする

一人でできる課題（ポジティブ表現の「子どもの様子」）
姿勢が整っていない状態でも授業に参加することができている。
支援があればできる課題（短期目標）
「どのようにすれば姿勢が崩れないか」ということを教師と一緒に考えて，その方法を実践していく。
支援があってもできない課題（長期目標）
授業中によい姿勢を保持できるようにする。

　「どのようにすれば姿勢が崩れないか」ということを教師と一緒に考えることを短期目標としました。これは「5⑵姿勢保持と運動・動作の補助的手段の活用に関すること」の項目の指導となります。

ステップ4 「長期目標」と「短期目標」の整合性を確認する
　授業中によい姿勢を保持できるようにする（長期目標）のためには，「どのようにすれば姿勢が崩れないか」ということを教師と一緒に考えて，その方法を実践していく（短期目標）ことが，スモールステップとなります。

② 「目標」から「手立て」を設定する

短期目標と手立て

目標	手立て
「どのようにすれば姿勢が崩れないか」ということを教師と一緒に考えて，その方法を実践していく。	「どれなら姿勢が崩れないか」ということを考えて，アイテムの使用を決めていく。

「姿勢が崩れやすい子ども」に対して，子ども自身の姿勢保持の力を高めるという発想ではなく，「どんなアイテムを使用したら，姿勢が保持しやすくなるか」を考えていくようにしました。これが「5　身体の動き(2)姿勢保持と運動・動作の補助的手段の活用に関すること」の指導内容です。

　例えば，姿勢保持のための座布団やクッションを椅子に敷くということが考えられます。これらのアイテムの有効性は，子どもによって相性があります。子どもと一緒に「どれなら姿勢が崩れないか」ということを考えたり，試したりしていくことが必要です。

短期目標と評価

　例えば，いろいろなアイテムを試してみた結果，「家庭で使用している座布団」が自分には合っていることを見つけたとします。

　この情報は，次の学年でもきっと生かされると思いますので，「個別の指導計画」の引継ぎを行っていくことが重要です。引継ぎについては，4章にて解説します。

おうちの座布団を敷くと座りやすくなる！

目標	評価
「どのようにすれば姿勢が崩れないか」ということを教師と一緒に考えて，その方法を実践していく。	いろいろなアイテムを試した結果，家庭で使用している座布団が自分に合っていることを見つけました。教室の座席に使用し，姿勢の改善が見られるようになってきました。

区分6　コミュニケーション

「6　コミュニケーション」を基に「個別の指導計画」を作成する
① 「子どもの様子」から「目標」を設定する
② 「目標」から「手立て」を設定する

① 「子どもの様子」から「目標」を設定する

子どもの様子
会話は成立するものの，自分の気持ちや伝えたいことを言葉で他者に伝えるのが難しいことがある。図工の作品について自分の工夫したところを発表する場面では，なかなか言葉にして伝えることが難しい様子が見られた。このような発表の場面では，苦手意識からためらいを見せるようになっている。

　話したり聞いたりすることが苦手だからといって，特別な支援が必要になるというわけではありません。話したり聞いたりすることが苦手なために，学校の授業で行われる発表のような学習活動に参加しにくくなっているようであれば，特別な支援が必要になってきます。自立活動の「6　コミュニケーション」に関する目標設定と指導を考えていくことになります。

ステップ1 「一人でできる課題」を明らかにする

ネガティブな表現	会話は成立するものの，自分の気持ちや伝えたいことを言葉で他者に伝えるのが難しいことがある。図工の作品について自分の工夫したところを発表する場面では，なかなか言葉にして伝えることが難しい様子が見られた。このような発表の場面では，苦手意識からためらいを見せるようになっている。
ポジティブな表現	日常会話レベルであれば，話したり聞いたりすることはできる。

　「全く言葉が出ない子ども」と「日常会話が成立する子ども」では，目標も大きく異なります。ポジティブな表現を考えることによって，子どもの正確な実態を把握しやすくなります。

　この子どもは，「日常会話レベルであれば，話したり聞いたりすることはできる」レベルなので，ある程度は言葉によるコミュニケーションの改善を図っていけることが期待できます。

ステップ2 「支援があってもできない課題」を明らかにする

一人でできる課題（ポジティブ表現の「子どもの様子」）
日常会話レベルであれば，話したり聞いたりすることはできる。

支援があってもできない課題（長期目標）
自分の気持ちや伝えたいことを言葉で的確に他者に伝えることができる。

　的確に他者に伝えられれば，この子どものコミュニケーション上での困難は克服できます。支援があってもできない課題（長期目標）となります。

ステップ3 「支援があればできる課題」を明らかにする

一人でできる課題（ポジティブ表現の「子どもの様子」）
日常会話レベルであれば，話したり聞いたりすることはできる。
支援があればできる課題（短期目標）
自分の気持ちや伝えたいことを表す言葉を見つける方法を知り，発表の授業の前などに使うことができる。
支援があってもできない課題（長期目標）
自分の気持ちや伝えたいことを言葉で的確に他者に伝えることができる。

　本当なら，「自分の気持ちや伝えたいことを表す言葉」を一つ一つ教えていくことができればよいのでしょう。しかし，言葉は無数にあるので，一つ一つ教えたからといって，その子どもの言葉が広がるともいえません。

　したがって，「自分の気持ちや伝えたいことを表す言葉を見つける方法を知る」ことによって，必要なときにこの方法を使用することができることを目標として設定しました。これは「6　コミュニケーション(3)言語の形成と活用に関すること」の項目の指導となります。

ステップ4 「長期目標」と「短期目標」の整合性を確認する

　自分の気持ちや伝えたいことを言葉で的確に他者に伝えることができる（長期目標）のためには，「自分の気持ちや伝えたいことを表す言葉を見つける方法を知る」ことや，「発表の授業などに使うことができる」といったスモールステップを設けることには整合性があります。

② 「目標」から「手立て」を設定する

短期目標と手立て

短期目標	手立て
自分の気持ちや伝えたいことを表す言葉を見つける方法を知り，発表の授業の前などに使うことができる。	・辞書，インターネット，生成 AI 等を使用して，自分の言いたい言葉を見つける学習を行う。 ・発表の授業に向けて学んだ方法を使う練習をする。

　辞書やインターネットだけでなく，最近では生成 AI を使って言葉を調べていくことも可能になりました。これらの方法を使って，最初は教師と一緒に，自分の言いたい適切な言葉を見つける練習をしていきます。そして，在籍学級で発表をしなければならないときなど，この学んだ方法を使って発表のための事前学習を行っていくようにします。

短期目標と評価

短期目標	評価
自分の気持ちや伝えたいことを表す言葉を見つける方法を知り，発表の授業の前などに使うことができる。	適切な言葉を見つける方法を学びました。発表の前には，自分でどのように話したらよいかを考えることができるようになりました。

自立活動の区分番号を基に分析する技法

> **Check!**
>
> 6区分の番号を振るだけ！
> ①「子どもの様子」を箇条書きする
> ②どの自立活動の区分に近いのかを対応させる

　自立活動の区分ごとに「目標」「手立て」「評価」を作成する技法について紹介してきました。

　しかし，実際には一つの自立活動の区分だけで「目標」「手立て」「評価」を作成することは少ないです。**多くの場合は，複数の自立活動の区分にまたがった指導を考えていくことになります。**

①「子どもの様子」を箇条書きする

　まず，いくつかある「子どもの様子」を箇条書きにしてみます。

【ある子どもの様子（箇条書き）】

- 一方的なやり取りをしてしまうことがある。
- 自分の思いを言葉や文章で表現することが難しい。
- 要約したり，相手にわかりやすく伝えたりすることが苦手。
- 相手の話を勘違いして受け取ってしまうことがある。
- 友だちから「学校へ忘れ物を取りに行ってくるね」と言われたが，「時計見てきて」と言われたと勘違いして公園へ時計を見に行ってし

まった。

②どの自立活動の区分に近いのかを対応させる

　次に，箇条書きしたそれぞれの記述について，どの自立活動の区分に近い
のかを対応させていきます。例えば，1点目の「一方的なやり取りをしてし
まうことがある」は，先ほど見てきたように，どの自立活動の区分に該当す
るのかは子どもによって異なります。

【「一方的なやり取りをしてしまうことがある」と自立活動の区分の対応】

「生活リズム」が原因	1	健康の保持
「不安」な気持ちが原因	2	心理的な安定
「友だちとの距離感」がわからないのが原因	3	人間関係の形成
「環境面」に原因	4	環境の把握
「身体面」に原因	5	身体の動き
「どのように話したらよいかわからない」のが原因	6	コミュニケーション

　仮に，「一方的なやり取りをしてしまうことが
ある」について，自立活動の「6　コミュニケー
ション」の区分と対応するとした場合を想定して
みます。

①健康の保持
②心理的な安定
③人間関係の形成
④環境の把握
⑤身体の動き
⑥コミュニケーション

　この実態の横に番号を振ります。「コミュニケ
ーション」は，自立活動の区分番号は「6」ですので，⑥と記入します。

> ・一方的なやり取りをしてしまうことがある。⑥

ケース1　自立活動の区分が揃った場合

> ・一方的なやり取りをしてしまうことがある。⑥
> ・自分の思いを言葉や文章で表現することが難しい。⑥
> ・要約したり，相手にわかりやすく伝えたりすることが苦手。⑥
> ・相手の話を勘違いして受け取ってしまうことがある。⑥
> ・友だちから「学校へ忘れ物を取りに行ってくるね」と言われたが，「時計見てきて」と言われたと勘違いして公園へ時計を見に行ってしまった。⑥

　「子どもの様子」のすべての記述が，「6　コミュニケーション」に該当すると分析した事例です。
　このような場合は，「6　コミュニケーション」の指導に重点をおけばよいことがわかります。つまり，自立活動の区分が揃った場合は，その区分の指導を考えていけばよいことになります。

ケース2　自立活動の区分が2つ以上ある場合

> ・一方的なやり取りをしてしまうことがある。⑥
> ・自分の思いを言葉や文章で表現することが難しい。②
> ・要約したり，相手にわかりやすく伝えたりすることが苦手。②
> ・相手の話を勘違いして受け取ってしまうことがある。⑥
> ・友だちから「学校へ忘れ物を取りに行ってくるね」と言われたが，「時計見てきて」と言われたと勘違いして公園へ時計を見に行ってし

> まった。⑥

　「子どもの様子」の記述が，「2　心理的な安定」と「6　コミュニケーション」の2つに分類されました。このような場合は「2　心理的な安定」と「6　コミュニケーション」の指導を行っていけばよいことがわかります。

ケース3　断定できない場合

> ・一方的なやり取りをしてしまうことがある。②⑥
> ・自分の思いを言葉や文章で表現することが難しい。②⑥
> ・要約したり，相手にわかりやすく伝えたりすることが苦手。②⑥
> ・相手の話を勘違いして受け取ってしまうことがある。②⑥
> ・友だちから「学校へ忘れ物を取りに行ってくるね」と言われたが，「時計見てきて」と言われたと勘違いして公園へ時計を見に行ってしまった。②⑥

　例えば「一方的なやり取りをしてしまうことがある」のは「2　心理的な安定」か「6　コミュニケーション」のどちらなのかわからないというときには，2つの番号を記載します。最後に全体的に見てみます。この場合も，「2　心理的な安定」と「6　コミュニケーション」の2つに分類されています。したがって「2　心理的な安定」と「6　コミュニケーション」の指導を行っていけばよいことがわかります。

　自立活動の区分を基にしていくと，たとえ同じ主訴であったとしても，よりその子どもの実態に即した指導ができるようになります。

　多くの子どもは，ケース2やケース3のように2つ以上の自立活動の区分が該当していきます。このようなケースでは，自立活動の区分を相互に関連させた目標設定をしていくことが必要になります。その具体的な技法を，子どものケースごとに見ていきましょう。

キレやすい子ども

【ヒロトさんの様子】

　感情のコントロールが難しく，特に友だちの発言に対して，怒りの感情をあらわにすることが目立つ子どもです。

　例えば，クラスで班ごとに活動を行うときなど，意見が異なる友だちに対して「なんでいつも勝手なことを言うんだよ！」と大声をあげることがあります。

　クラスの子どもたちは，ヒロトさんと同じ班で活動することを嫌がるようになってきています。

① 「子どもの様子」からわかること

- -

　【ヒロトさんの様子】の記述に直接的に書いてあることをいくつか抜き出してみます。

　そして，その記述に対応する「自立活動」の区分を対応させ，区分の番号を表します。

・感情のコントロールが難しい。②

・特に友だちの発言に対して，怒りの感情をあらわにすることが目立つ。③

・意見が異なる友だちに対して，「なんでいつも勝手なことを言うんだ

よ！」と大声をあげる。③

　ここでは３つのことについて取り出しました。

　「感情のコントロールが難しい」は，子どもの心理面に関することですので，「２　心理的な安定」の区分とします。

　「特に友だちの発言に対して，怒りの感情をあらわにすることが目立つ」もまた，子どもの心理面に関することですので，「２　心理的な安定」の区分とします。

　「意見が異なる友だちに対して『なんでいつも勝手なことを言うんだよ！』と大声をあげる」は，友だちへの関わり方として望ましい態度とはいえません。子どもの対人関係面に関することですので，「３　人間関係の形成」の区分とします。

②可能性として考えられること

　【ヒロトさんの様子】の記述には，直接的には記述されていませんが，もしかしたら考えられることを，「可能性として考えられること」として，まとめてみます。

- もしかしたら，友だちの意見に対して，どのように反応したらよいのかがわからないのかもしれない。⑥
- もしかしたら，自分が言いたいことを的確に表す言葉が見つからないので，大声をあげるのかもしれない。⑥

　ここでは２つの可能性について，考えてみました。

　「もしかしたら，友だちの意見に対して，どのように反応したらよいのかがわからないのかもしれない」は，子どものコミュニケーション面の課題だと考えられます。「６　コミュニケーション」と関連します。

「もしかしたら，自分が言いたいことを的確に表す言葉が見つからないので，大声をあげるのかもしれない」も，子どものコミュニケーション面の課題だと考えられます。「6　コミュニケーション」と関連します。

③目標の設定

----

①と②でまとめた情報からは，３つの自立活動の区分の指導が必要なことがわかりました。

ここからは，先ほどそれぞれの自立活動の区分ごとの目標設定でみてきたように，「一人でできる課題（ポジティブ表現の「子どもの様子」），「支援があればできる課題（短期目標）」，「支援があってもできない課題（長期目標）」を考えていきます。

2　心理的な安定	3　人間関係の形成	6　コミュニケーション
一人でできる課題（ポジティブ表現の「子どもの様子」）		
怒りの感情を大声で表すことができる。	班ごとの活動に参加することができる。	「なんでいつも勝手なことを言うんだよ！」のように発言することができる。
支援があればできる課題（短期目標）		
怒りの感情を和らげるための方法を知る。	自分とは異なる意見があることに気づけるようにする。	自分の気持ちを伝える言葉や，表現方法について知る。
支援があってもできない課題（長期目標）		
怒りの感情に基づく行動をコントロールできる。	自分とは異なる意見も受け入れて，友だちとの望ましい関係性をつくることができる。	自分の言いたいことを言葉で伝えられるようにする。

④指導の重点を決め，自立活動の区分を相互に関連させる

　複数の区分でそれぞれ目標を設定していくと，必然的に目標の数は多くなっていきます。つまり，あれもこれも指導することになってしまいます。

　あれもこれも指導することは，子どもにとっても負担が増してしまいます。指導できる時間は有限です。それぞれの区分を相互に関連させて，目標を焦点化していくことが効果的です。

　そのためにはまず，この３つの中で，中心的に指導するべき重点目標を考えます。ヒロトさんのいくつかある課題の中で「本丸」ともいえる課題を特定します。

　子どもの重点目標を設定する際のポイントの一つは，「子どもが困っていること」に着目することです。

　ヒロトさんは，クラスの友だちから同じ班で活動することを嫌がられているようです。これは，学校生活において大きな困難ですので，ここに着目します。「３　人間関係の形成」に重点を置き，「２　心理的な安定」や「６　コミュニケーション」を関連させた指導を考えていくことになります。

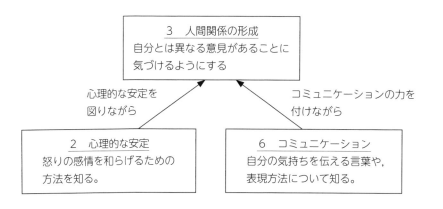

【ケース2】

ルールを守らない子ども

【ケンタさんの様子】

ケンタさんは，学校のルールを守らずに，自分勝手な行動をとることが目立ちます。

やりたいことがあるとその衝動を抑えられずに廊下を走ってしまったり，遊びのルールを無視してしまったりします。そのため，教師に注意されたり，友だちとトラブルになってしまったりすることがあります。

①子どもの様子からわかること

・学校のルールを守らずに，自分勝手な行動をとることが多い。②
・やりたいことがあるとその衝動を抑えられずに廊下を走ってしまったり，遊びのルールを無視してしまったりする。②

「学校のルールを守らずに，自分勝手な行動をとることが多い」「やりたいことがあるとその衝動を抑えられずに廊下を走ってしまったり，遊びのルールを無視してしまったりする」は，自分の気持ちを抑えられないことによると考えられます。

自分の気持ちを抑えられなくてルールを守れない子どもの多くは，以下の3タイプに分けられます。

■ルールはわかっているタイプ

「ルールを守る」ことはわかっているのだけど，どうしても守れない。

■マイルール優先タイプ

学校で決められたルールは，自分のルールと合わないから，意図的に守らない。

■注目を欲しがるタイプ

ルールを守らないことで他者からの注目を得たい，そして注目を得られることに満足感を得て気持ちよくなる，そのような目的のためにルールを守らない。

　本来なら，どのような意図があって「ルールを守らない」のか，子どものタイプを見極めていかなければなりません。しかし，【ケンタさんの様子】にて表された情報だけでは，ケンタさんがどのタイプなのかを特定できません。

　しかし，これらのタイプのいずれにしても，子どもの心理面への指導が必要となってくるということは一致します。したがって，ここでは「2　心理的な安定」の区分を指導の対象とします。

②可能性として考えられること

・もしかしたら，周りの状況を把握できていないのかもしれない。④

・もしかしたら，ルールを示している表示に気づいていないことも考えられる。④

・もしかしたら，ルールの内容を理解できていないことも考えられる。⑥

「もしかしたら，周りの状況を把握できていないのかもしれない」「もしかしたら，ルールを示している表示に気づいていないことも考えられる」は，自分の身の回りの情報に気づくことができる力と関係します。もし，この力が弱いようであれば，「4　環境の把握」の指導が必要です。

「もしかしたら，ルールの内容を理解できていないことも考えられる」は，ルールを示している言葉の意味がわからないことに関係します。例えば，「右側を歩く」というルールがあったときに「右側」という言葉の意味がわからなければ，このルールを守ることができません。語彙の不足に起因するので，「6　コミュニケーション」の指導が必要です。

③目標の設定

2　心理的な安定	4　環境の把握	6　コミュニケーション
一人でできる課題（ポジティブ表現の「子どもの様子」）		
やりたいことに向かうことができる。	自分のやりたいことに気づくことができる。	言葉でやり取りすることはできる。
支援があればできる課題（短期目標）		
ルールを守るための方法を見つける。	周りの状況や学校のルールに気づくことができる。	学校のルールで必要な言葉の意味を理解する。
支援があってもできない課題（長期目標）		
自分の気持ちを抑えて，学校で必要なルールを守ることができる。	周りの状況を判断したうえで行動することができる。	学校で必要なルールについて正しく理解ができる。

④指導の重点を決め，自立活動の区分を相互に関連させる

「ルールを守らない」ということは，子どもの自立のうえでもそうですが，学校生活や社会生活を円滑に送るうえで，優先的に解決していかなければならない課題でしょう。

したがって，ケンタさんの場合は，「2　心理的な安定」の「ルールを守るための方法を見つける」ための指導を重点的に行うことにします。

そして，ケンタさんの実態に応じて「4　環境の把握」と「6　コミュニケーション」の指導を関連させながら指導を行っていくという方針がよさそうです。

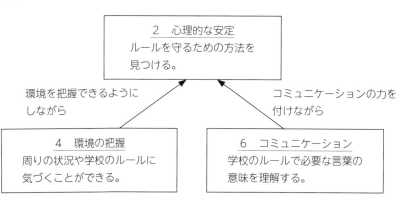

「4　環境の把握」の視点では，ケンタさんが学校のルールを把握しやすくするために，ルールをイラストに示していく方法が考えられます。

例えば，ケンタさんと相談して，このイラストを廊下の目立つ場所に貼っておくのはどうでしょうか。これは，おそらくケンタさんだけではなく，他の子どもにとっても効果的かもしれません。

そのように考えると，ケンタさんのための指導から，**学校のユニバーサルデザイン**につながっていきます。特別支援教育コーディネーターとしては，そのような視点も必要です。

切り替えができない子ども

【ハルキさんの様子】

ハルキさんは，何かが気になってしまうと，そのことにこだわってしまい，次の活動にスムーズに移れないことがあります。

授業で何か教材を使用して片づけをするときなど，その教材がきちんと並んでいないと気が済まないようで，いつまでもきれいに並べようとしています。

最初のうちは「きれいに整理してくれてありがとう」とほめていましたが，次の活動に移れないので，最近は「もう止めなさい！」と注意することが増えています。

① 「子どもの様子」からわかること

- 何かが気になってしまうと，そのことにこだわってしまい，次の活動にスムーズに移れない。②
- 教材がきちんと並んでいないと気が済まないようで，いつまでもきれいに並べようとしている。②

【ハルキさんの様子】からは，何かにこだわってしまうために，切り替えができない様子がわかります。何かにこだわってしまうことは，子どもの心理面に関することですので，「2　心理的な安定」の区分とします。

②可能性として考えられること

> ・もしかしたら，教師がほめてくれることを期待しているのかもしれない。③
> ・もしかしたら，周囲が次の活動に移っていることを理解できていないのかもしれない。④

　ここでは2つの可能性について，考えてみました。

　「もしかしたら，教師がほめてくれることを期待しているのかもしれない」は，相手の意図等を読み取る際の課題だと考えられます。「3　人間関係の形成」と関連します。

　「もしかしたら，周囲が次の活動に移っていることを理解できていないのかもしれない」は，周りの状況の把握の課題だと考えられます。「4　環境の把握」と関連します。

③目標の設定

2　心理的な安定	3　人間関係の形成	4　環境の把握
一人でできる課題（ポジティブ表現の「子どもの様子」）		
気が済めば，次の活動に移ることができる。	注意されると，受け止めることができる。	教材が乱れて置かれていることに気づくことができる。
支援があればできる課題（短期目標）		
気持ちに折り合いをつけて，次の活動に移るための方法を見つける。	教師がなぜほめているのか，なぜ注意しているのかという理由を考えることができる。	周囲の状況の変化に気づくための方法を知る。

支援があってもできない課題（長期目標）		
次の活動にスムーズに移れるようになる。	教師がほめたり，注意したりすることの意図が理解できる。	周囲が次の活動に移っていることを把握することができる。

④指導の重点を決め，自立活動の区分を相互に関連させる

　ハルキさんの目標設定においては，「2　心理的な安定」を重点目標として，「3　人間関係の形成」や「4　環境の変化」を関連させた指導を考えていきます。

　「3　人間関係の形成」の視点では，「片づけてくれてありがとう」「次の活動が始まっているから注意しているんだよ」というように，「なぜほめているのか」とか，「なぜ注意しているのか」という理由を添えてハルキさんに伝えていく必要があると考えられます。

　このような支援を行ったうえで，ハルキさんに対して「どうして先生はほめていると思う？」「どうして先生は注意していると思う？」というように尋ねて，教師の意図をハルキさんが考えられるようにしていきます。

　通級指導を利用している場合は，場面絵を用いて，「この先生はどうして

ほめていると思う？」「ど
うして注意していると思
う？」という学習をするこ
ともできます。

この先生は、どうしてほめて
いるのでしょうか？

　「4　環境の把握」の視点では，周囲の情報に気づけるような指導をして
いくことが考えられます。「やること」や「時間」など，行動を切り替える
ために必要な情報に気づきやすくなるようにします。

　ハルキさんの場合だと，例えば「チャイムが鳴ったら次の活動に移る」と
いうことができるようになればよいと考えられます。つまり，チャイムが
「周囲の状況の変化に気づくための方法」になります。

　チャイムは音の刺激です。したがって，いろいろな音の刺激を活用してい
きます。例えば，音が鳴るタイプの「タイマー」を日常的に活用していくと
よいかもしれません。

　「あと3分後に，次のことをするからね」と声かけしたうえでタイマーを
3分後にセットします。このようにしていくと，音の刺激を頼りにして，次
の行動に移ることを学習できるようになります。

　これが自覚化できると，「終了予定時間の3分前にタイマーを鳴らすよう
にしよう」「明日行えるように今日のうちに片づけておこう」というように，
日常生活に般化していきます。

3分後にタイマーが鳴る
ようにしておこう！

集中できない子ども

【アオイさんの様子】

　アオイさんは，活動している最中でも，気が散りやすく，集中することが難しい様子が見られる子どもです。

　先日は，教室での授業中に，アオイさんは窓の外をずっと眺めていて，授業を聞いていませんでした。どうやら窓の外に流れる雲の様子に夢中になっていたようです。「アオイさん！アオイさん！」と2回呼んだら，はっと我に返ったようです。「今，大事な話をしているんですよ！」と注意したら，「すみません……」と言っていました。

① 「子どもの様子」からわかること

- 活動している最中でも，気が散りやすく，集中することが難しい。②
- 窓の外をずっと眺めていて，授業を聞いていない。④
- 「アオイさん！　アオイさん！」と2回呼んだら，はっと我に返った。④
- 「今，大事な話をしているんですよ！」と注意したら，「すみません……」と言っていた。⑥

「活動している最中でも，気が散りやすく，集中することが難しい」は，自立活動の6区分のいずれに該当するのか判断が難しいところです。ここでは，アオイさんの心の在り方に注目してみたいと思います。「集中できるようになるためにはどうしたらよいか」ということをアオイさんの課題にするためには，やはりアオイさんの心理面に着目する必要がありそうです。したがって，ここでは「2　心理的な安定」の区分とします。

　「窓の外をずっと眺めていて，授業を聞いていない」は，外部の刺激をどのように取捨選択しているかということです。外部の刺激は「環境」とも言えます。したがって，「4　環境の把握」の区分とします。

　「『アオイさん！　アオイさん！』と2回呼んだら，はっと我に返った」もまた，アオイさんが外部の刺激にどのように反応するかということを表しているエピソードだといえます。したがって，「4　環境の把握」の区分とします。

　「『今，大事な話をしているんですよ！』と注意したら，『すみません……』と言っていた」は，アオイさんのコミュニケーション面を表しているエピソードです。もちろん，これはネガティブな情報と言うよりは，ポジティブな情報として捉えた方がよいでしょう。ポジティブな見取りをすると，「一人でできる課題」について考えやすくなります。

②可能性として考えられること

- -

> ・もしかしたら，授業内容に興味がないのかもしれない。②
> ・もしかしたら，寝不足など，体調の関係で集中できないのかもしれない。①

　ここでは2つの可能性について，考えてみました。
　「もしかしたら，授業内容に興味がないのかもしれない」は，子どもの意

欲に関することです。意欲に関することは「2　心理的な安定」の区分と関連します。「もしかしたら，寝不足など，体調の関係で集中できないのかもしれないは，子どもの健康面の課題だと考えられます。「1　健康の保持」の区分と関連します。

③目標の設定

----

　①と②でまとめた情報からは，4つの自立活動の区分が抽出されました。
　さて，「可能性として考えられること」で2つの「もしかしたら」を考えました。アオイさんのケースの「もしかしたら」は，比較的確認がしやすいものだと思います。
　寝不足の可能性については，家庭などにも確認すればわかるかと思います。もし，本当に寝不足に原因があるようなら，「1　健康の保持」の指導を行うようにするとよいでしょう。ここでは可能性の段階であるため，メインの指導には入れません。

2　心理的な安定	4　環境の把握
一人でできる課題（ポジティブ表現の「子どもの様子」）	
学校の活動には参加できる。	窓の外などの様子には気づくことができる。
支援があればできる課題（短期目標）	
活動に集中するためには，どのようなことが必要なのかを知る。	授業に集中するためには，どのような環境調整が必要なのかを知る。
支援があってもできない課題（長期目標）	
活動しているときには集中できるようになる。	授業に集中するための，環境調整ができる。

④指導の重点を決め，自立活動の区分を相互に関連させる

```
┌─────────────────────────────┐
│    2  心理的な安定           │
│ 活動に集中するためには、どのような │
│ ことが必要なのかを知る。       │
└─────────────────────────────┘
              │ 具体的な手立てを
              │ 考えるにあたって
              ▼
┌─────────────────────────────┐
│    4  環境の把握             │
│ 授業に集中するためには、        │
│ どのような環境調整が必要        │
│ なのかを知る。               │
└─────────────────────────────┘
```

　「2　心理的な安定」で設定した「活動に集中するためには，どのようなことが必要なのかを知る」という目標を具体的にしたものが，「4　環境の把握」の「授業に集中するためには，どのような環境調整が必要なのかを知る」という目標になります。

　集中するということは，周囲の状況によって左右されやすいです。うるさい環境では集中できない子ども，周りが散らかっている状況では集中できない子どもなど，人それぞれ，集中しにくい環境があるでしょう。

　「4　環境の把握」の視点では，自分がどのような状況だと集中できなくなるのかという自己理解と，その対応策を考えて，身に付けていく指導を行います。

　例えば，うるさい環境で集中できないようであれば，耳栓などのアイテムを使用する。周りが散らかっている状況で集中できないようであれば，パーテーションで個人のスペースを確保する。このような環境調整ができるようになるとよいでしょう。「自分はこの環境であれば集中できる」という理解を図れるように指導していくことが大切です。

板書をノートに写せない子ども

【ユウトさんの様子】

　ユウトさんは，板書をノートに写すのに，とても時間がかかります。文字そのものは書くことができます。

　視力には問題がないようですが，黒板に書かれた文字を見にくそうにしていることがあります。

　そのためか，最近はノートをとることをあきらめているようで，その間，友だちにちょっかいを出すなどの行為がみられるようになってきました。当然，ちょっかいを出された子どもは嫌がり，「ユウトさんがちょっかいを出してくる！」と訴えてきます。しかし，改善する気配がありません。

① 「子どもの様子」からわかること

- ・板書をノートに写すのに，とても時間がかかる。④
- ・文字そのものは書くことができる。④
- ・最近はノートをとることをあきらめている。②
- ・友だちにちょっかいを出すなどの行為がみられる。③

　「板書をノートに写すのに，とても時間がかかる」「文字そのものは書くことができる」は，学習面に関することです。自立活動の6区分では，直接的

に子どもの学習面に関する内容を扱うものはありません。

　ユウトさんの場合は，黒板に書かれた文字に対して，何らかの困難がありそうです。視力の問題ではないようなので，「文字が見えない」というよりは，「文字の形が捉えにくい」あるいは「ノートに写すために文字を記憶しにくい」と考えられます。

　文字というものは，何かを表すために，人間の手によってデザインされたものです。「文字の形が捉えにくい」ということは，「何かを表すためにデザインされたものが把握しにくい」と言い換えることができます。

　そのように考えると，これは「4　環境の把握」の区分で考えることができます。「環境」という言葉は，「学習環境」「教室環境」といわれるように，教師や子どもの手によって「デザイン」されたものという意味にもなるからです。教師よって黒板に書かれた文字は，ユウトさんにとっては「学習環境」の一部であるのです。

　「最近はノートをとることをあきらめている」は，学習の意欲の低下と判断することができます。「文字の形が捉えにくい」というのが一次的な障害であるとしたら，「最近はノートをとることをあきらめている」は二次的な障害であるといえます。そのような障害による学習上の困難を改善しようとする意欲を高めていかなければなりません。これは「2　心理的な安定」の区分の指導となります。

　「友だちにちょっかいを出すなどの行為がみられる」のも，おそらく，「文字の形が捉えにくい」ためにノートが写せなくて手持ち無沙汰になってしまって起きている行動ではないかと想像できます。友だちも迷惑して教師に訴えているにもかかわらず，この行為は続いているようです。したがって「3　人間関係の形成」の区分の指導も視野に入れます。

②目標の設定

①にまとめた情報からは，3つの自立活動の区分の指導が必要なことがわかりました。

2　心理的な安定	3　人間関係の形成	4　環境の把握
一人でできる課題（ポジティブ表現の「子どもの様子」）		
授業を休まない意欲がある。	友だちとやり取りすることはできる。	板書に文字が書いてあることはわかる。
支援があればできる課題（短期目標）		
困難を改善する方法があることを知る。	友だちが嫌がる理由を考えることができる。	板書に書いてあることを把握するための方法を知る。
支援があってもできない課題（長期目標）		
困難を改善しようとする意欲をもつことができる。	友だちが嫌がることをしないように気をつけることができる。	板書に書いてあることを把握することができる。

③指導の重点を決め，自立活動の区分を相互に関連させる

ユウトさんの目標を，それぞれの自立活動の区分ごとに設定してみましたが，「板書に書いてあることを把握することができる」ようになることが「困難を改善しようとする意欲」につながるものと考えられます。

したがって，「4　環境の把握」の視点で，どのようにすれば板書に書いてあることを把握できるようになるのか，「板書に書いてあることを把握するための方法を知る」ことが，最初の重点目標になります。

その指導や支援を行っていくことで，ユウトさん自身の経験も蓄積されていきます。その経験を通して「2　心理的な安定」の目標を達成できるようにしていく流れが，ユウトさんに対しての指導となります。

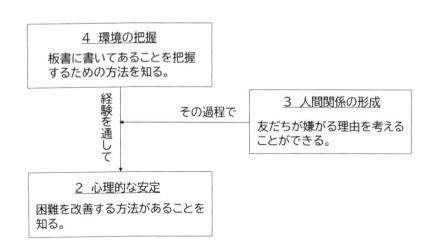

　板書してあることをノートに書き写すという行為を具体的に考えてみると，黒板に書いてあるたくさんの文字情報の中から，次に書くべき箇所を見つけるということが必要になります。次の書くべき箇所に注目できないと，時間がかかってしまったり，負担がかかったりしてしまうのです。

　したがって，「4　環境の把握」の視点では，2つのアプローチが考えられます。一つは，子ども自身の注目する力を高めていくことです。視覚認知のためのトレーニングを通級指導などで行っていくことが考えられます。

　もう一つは，教室で注目しやすい配慮をすることです。例えば，板書やワークシートなどを線で囲ったり，色を変えたり，太字やフォントを活用する方法が考えられます。また黒板の余計な情報を消すことや，ワークシートであれば不要なイラストは控えることなどによって，余計な刺激に注目するのを防ぐことができます。

3章

検査資料を基に
「個別の指導計画」を
作成する技法

検査から「手立て」を設定する技法

> **Check!**
>
> 検査は「手立て」を考えるための最強ツール！
> ①検査を活用して「手立て」を考える
> ②「検査結果報告書」を活用する

①検査を活用して「手立て」を考える

　前章では，自立活動を基にした「個別の指導計画」作成の技法を見てきました。

　自立活動の6区分による分析は，教師の主観的な見方によって成り立っています。もちろん，日頃から子どもに接している教師の主観的な見立ては，否定されるものではありません。

　しかし，より子どもの実態を的確に捉えるためには，主観的な見立てに加えて，客観的なデータも活用していくことが望まれます。

　客観的な子どものデータとして代表的なものは「検査」です。知能検査や発達検査といわれる子どものための検査を利用することも増えてきているのではないでしょうか。

　例えば，WISC（ウィスク）は，おそらく学校現場でもっとも認知度の高い検査であると思われます。一般の学級の教師でも「発達障害の子どもの検査ね」くらいの認識はあるでしょう。

　検査のデータがあると，特に子どもに対して，どのような指導や支援を行っていけばよいかという「手立て」の方向性が見えやすくなります。検査を

基にした「手立て」を「個別の指導計画」に記載していけばよいわけです。

本章の前半では，検査についての基礎的なトピックスについて学びます。

そして後半では，子どものケースに対して検査結果報告書を基にして，子どもの指導の「手立て」を考えていきます。これは「個別の指導計画」に記載していく際の技法になるでしょう。

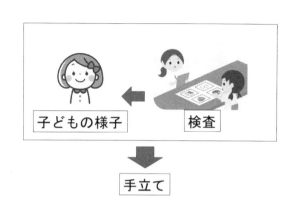

② 「検査結果報告書」を活用する

もしかしたら「特別支援教育コーディネーターが，検査を行わなければならないのか」と思われた方もいらっしゃるかもしれません。

検査を行うには，それらを行うための資格や専門性が必要です。したがって，特別支援教育コーディネーターが検査を行うわけではありません。

子どもは，専門機関などで検査を行うことになります。そうすると，その機関から，結果についてのレポートが発行されます。本書ではこれを「検査結果報告書」と呼びます。その「検査結果報告書」が保護者などを通じて学校に届くことがあります。

特別支援教育コーディネーターは，「検査結果報告書」に何が書かれているのか，記載されていることをどのように活用したらよいのかということについて理解しておく必要があります。

それが，子どもに対する学校での具体的な「手立て」につながります。

検査についての基礎知識

検査についての基礎知識をもつ
①何を可視化しようとした検査なのかを知る
②検査で捉えようとしている知能や用語について知る

①何を可視化しようとした検査なのかを知る

「読み書きが難しい気がする」
「考えていることをうまく伝えられていないと思う」

「気がする」「思う」は，話した人の主観です。ある人を軸にした「気がする」「思う」のような主観を，下記のように共有しやすい形に変換しようとするツールのひとつが検査です。可視化するツールともいえるでしょう。

主観	共有しやすい形・可視化された形
読み書きが難しい気がする。	・同学年より2倍以上，読みに時間がかかる。 ・漢字の書きは正確だが，形を思い出すまでに3秒以上かかる文字が9割以上ある。
考えていることなどをうまく伝えられていないと思う。	・名詞を思い出すことが難しいことがあり，すべるやつでのぼるやつ，くねくねしている，のように様子を伝えてくることが5割以上ある。

検査結果報告書を通して目にすることがあると考えられる検査の例を，5つの目的に分けてみていきます。

目的	検査の例
知能を捉えようとする検査	・WISC-Ⅴ（ウィスク・ファイブ）知能検査 ・WPPSI-Ⅲ（ウィプシ・スリー）知能検査 ・田中ビネー知能検査Ⅴ（ファイブ）
認知処理や発達の傾向を捉えようとする検査	・日本版KABCⅡ（ケーエービーシーツー）認知総合尺度 ・DN-CAS（ディーエヌ・キャス）認知評価システム ・新版K式発達検査
言語の側面を捉えようとする検査	・新版　構音検査 ・吃音検査法　第2版 ・LC-R（エルシー・アール）言語・コミュニケーション発達スケール ・LCSA（エルシーエスエー）学齢版言語・コミュニケーション発達スケール　増補版 ・PVT-R（ピーブイティー・アール）絵画語い発達検査 ・J.COSS（ジェイ・コス）日本語理解テスト
コミュニケーションなどの側面を捉えようとする検査	・AQ（エーキュー）日本語版　自閉症スペクトラム指数 ・Vineland-Ⅱ（ヴァインランド・ツー）適応行動尺度 ・Conners3（コナーズ・スリー）日本語版 DSM-5対応
読み・書き・計算などについて捉えようとする検査	・STRAW-R（ストローアール）改訂版　標準　読み書きスクリーニング検査 ・小中学生の読み書きの理解　URAWSSⅡ（ウラウスツー） ・CARD（カード）包括的領域別読み能力検査 ・Reading-Test（リーディング・テスト）教研式 読書力診断検査 ・KABC-Ⅱ（ケーエービーシーツー）習得総合尺度 ・算数障害スクリーニング検査

②検査で捉えようとしている知能や用語について知る

　検査結果報告書にはいろいろな言葉が使われています。

　特に，知的な発達の水準を示す知能指数（IQ：Intelligence Quotient）は，診断や支援検討をするとき参考に使われる数値のひとつのため見聞きすることが多いかもしれません。

　その知能とは一体何を指すのでしょうか？

　現在，広く使われている検査が開発されたときの基盤になっている考え方のひとつに，CHC理論（The Cattell-Horn-Carroll theory）というものがあります。これは，知能というものを複数の力に分け，さらに分類して階層的に捉えようとする考え方です。

　次ページの図を見ると，知能というひとつの言葉で表されていても，いろいろな力で構成されていることがイメージできるのではないでしょうか。

　また，ひとつの検査ですべての力について捉えようとすることは現実的ではないため，知能検査と呼ばれる検査でも，どのような力を測定することで知能というものを捉えようとしているかは検査ごとに異なります。ある検査では知能を示す数値が低く出て，ある検査では高く出た，のような話を聞いたことがあるかもしれません。その背景には，捉えようとする力や捉え方（方法）が異なることが考えられます。

　検査結果報告書に使用される用語の意味は，検査結果報告書の作成者が記載していることがほとんどです。もし，記載されていない場合には確認してみましょう。また，職員間や保護者，年齢によっては検査を受けた子どもが理解しやすい言葉や図に置き換えてみてもよいでしょう。

　検査結果の数値について，他の数値との差について捉えたり，算出された数字を点ではなく「幅」で捉えたり，集団の中でのおよその位置に置き換えて捉えたりすることは，支援を検討していくときの参考になります。

　ここでは「有意差」「信頼区間」「パーセンタイル」「標準偏差（SD：standard deviation）」という用語について確認します。

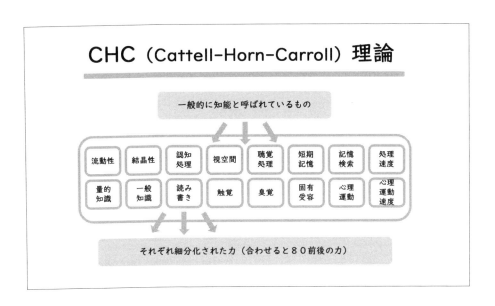

CHC（Cattell-Horn-Carroll）理論

一般的に知能と呼ばれているもの

| 流動性 | 結晶性 | 認知処理 | 視空間 | 聴覚処理 | 短期記憶 | 記憶検索 | 処理速度 |
| 量的知識 | 一般知識 | 読み書き | 触覚 | 臭覚 | 固有受容 | 心理運動 | 心理運動速度 |

それぞれ細分化された力（合わせると80前後の力）

「有意差」について

　この言葉が，検査結果報告書内で使用されるときは，「**ある数とある数との差が偶然ではない可能性が高い**」ということを意味します。

　個人がもつ能力に凹凸があることや，同じ年齢の集団と比較して得意な部分と苦手な部分に違いがあることそのものは珍しいことではありません。

　けれども，その凹凸や違いの程度が偶然には起こりにくい範囲にある可能性が高いときに使われる言葉が「有意差」です。多数なのか少数なのかと問われたら，少数の範囲に入ると言い換えることもできるでしょう。

　数値をグラフ化したもので，ある数値とある数値とが大きく離れているように見えても「有意差」なし，のこともあります。これは，そのある数値とある数値とが大きく離れていることは珍しいことではない，と言い換えることもできます。

「信頼区間」について

　「**ある数値について点ではなく幅で捉えてみましょう**」というものです。

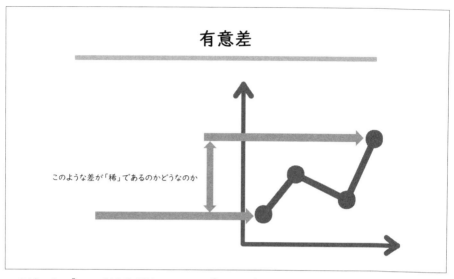

有意差

このような差が「稀」であるのかどうなのか

　例えば，【90％信頼区間で93—113】のように記載されているものを目にしたことがあるかもしれません。これを統計の世界での用語を用いて説明すると，信頼係数，母集団，標本，抽出，棄却など，なじみのうすい言葉を用いることになりますが，子どもの検査結果をみていくときは，「同じ条件で同じ検査を100回実施した場合，90回分の結果はこの範囲に入る可能性が高い」と理解するとよいでしょう。

「パーセンタイル」について
　「ある数値について，全体の中での位置を捉えるときに使われるもの」です。
　例えば，算出された数値が100個あった場合，大きい順，小さい順のように決められた順に並べます。このときある数値が5パーセ

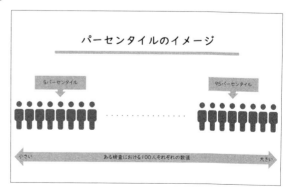

パーセンタイルのイメージ

5パーセンタイル　　　　　　　　　　95パーセンタイル

小さい　　　　ある検査における100人それぞれの数値　　　　大きい

122

ンタイルであれば，その数値は小さい方から5％の位置にある，ということになります。

　子どもの検査結果をみていくときは「同年齢の児童が100名並んだ場合，その子どもの後方に何名いるのか」というイメージをもつとよいかもしれません。95パーセンタイルであれば「その子どもの後方に95人」，つまり「その子どもはほぼ先頭にいる」というイメージです。

標準偏差（SD）について

　スクリーニング検査などで**平均からどれくらい離れているかを捉えたいときに使われる**ことがあります。−1SDから＋1SDの範囲に全体の約70％，−2SDから＋2SDの範囲に全体の約95％が含まれます。

　ですから，ある数値が−2SDより低い範囲にあったり，＋2SDより高い範囲にあったりすると，「その数値は平均から大きく離れている可能性がありそうだ」ということになります。

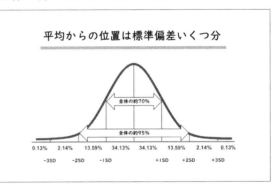

特別支援教育コーディネーターとしての検査との関わり

> **Check!**
>
> 親子の人生で初めて受ける検査かもしれないことを踏まえる
> ①検査の実施を提案する
> ②検査結果報告書を反映させる

①検査の実施を提案する

　検査の実施は，子どものこれからにつなげるためのものです。

　検査を受けることが養育者と子ども，それぞれの人生で初めてということは珍しくありません。検査の実施を提案する理由とともに，検査実施から支援開始までのプロセスを伝える必要があるでしょう。

検査実施から支援開始までの大まかな流れの例
○検査実施の提案
　↓　目的を理解したり，具体的な手続きを確認したりします。
○検査実施の申し込み
　↓　実施日まで数カ月待つ場合もあります。再度観察や面談が実施される
　　　こともあります。
○検査の実施
　↓　実施から報告までに1カ月ほどかかる場合もあります。
○結果の報告を受ける
　↓　検査結果報告書をもとに面談が実施されることが多いです。

○報告書の内容を踏まえて具体的な支援を検討する
　↓　「個別の教育支援計画」や「個別の指導計画」の中にも記載していきます。
○支援の実行
　↓　学校でできること，家庭でできること，その他の機関でできることを進めていきます。
○支援の効果の確認

検査の実施を勧めるとき

　検査の実施を勧めるときには，観察された子どもの言動の記録をもとに伝えるようにします。そして，何よりも子どもへの支援につなげることが目的であることを伝えます。

　支援につなげるということは，検査の結果をもとにして，具体的な支援方法を考え，「個別の教育支援計画」や「個別の指導計画」に具体的な支援の内容を記載し，実行したり引き継いだりする，ということです。

検査という言葉から想像する内容は人それぞれ

　検査という言葉を聞いて不安が見えたときには，検査を受ける側にとっては，話をしたり，クイズのようなものに答えたり，パズルのようなものを組み合わせたり，ワークシートのようなものに書き込んだりするようなものなどであることを伝えてみてもよいかと思われます。

検査を受ける・受けない，続ける・止めるは選べることを伝える

　どのような検査であっても，検査を受けるか受けないかだけでなく，検査を受けている途中でも止めることができることを伝えます。また，検査結果は個人的な情報になるため，結果をどこまで共有するかは受けた側が選ぶことができることも伝えます。家庭で考える期間を設けて返事を待つことも大切です。

検査を受けたい場合にどのような手続きをとるとよいのか伝える

　どこでどんな検査を受けることができるかは，機関や自治体により異なります。検査の実施資格をもつ専門家が学校へ訪問し，授業中の様子の観察，検査の実施，保護者と学校へフィードバックまで行うシステムがあるところ，教育相談機能をもつセンターあるいは自治体内の福祉施設に養育者と子どもが数回赴く必要があるところ，その他さまざまです。

　少なくとも保護者がゼロから探さなくてもよいように，勤務している自治体の公的機関の情報はまとめておくとよいでしょう。

②検査結果報告書を反映させる

- -

　検査結果報告書は，個人的な情報が詰まった書類です。

　特別支援教育コーディネーターにその書類が届いた理由は，「校内での支援に活用するため」です。

　教員の入れ替わりや，担任が替わっても活用されていくように，保護者と確認しながら以下のことを「個別の指導計画」や「個別の教育支援計画」に反映させることは大切です。

　「個別の指導計画」や「個別の教育支援計画」には，他機関のことを記載できる欄が設けられていることがあります。そのような欄がない場合は，その他の欄などを活用して，下記のことを記載しておくとよいと思われます。

なぜ検査を受けたのか

　学校から勧めた場合でもそうでなくても，検査実施の目的を確認しましょう。

検査の基礎情報

　報告書に記載されている機関を書きます。転居の経緯がなくても，他の都道府県まで赴いて受けている場合もあります。

また，受けたときの学年や年齢を記載しておくことで，今年受けたのか，3年前に受けたのかなどがわかるようにしておきましょう。

検査結果報告書に記載されていた支援方針

　検査結果報告書の中に提案されていた支援方針の中で，実行可能と考えられたものは具体化し，「個別の指導計画」や「個別の教育支援計画」の中に記載する段階に入ります。

　「個別の指導計画」は，子どもが主語になり「～する」と記載することが多いです。

　しかし，「個別の指導計画」では，教師や支援者などの「周囲」の人による具体的な対応が見えにくくなります。

　「周囲」の人の関わり方や合理的配慮のように，「周囲」の人が主語になるものは，「個別の教育支援計画」に記載していきます。

　検査結果報告書は活用するためのものですが，検査結果報告書内で提案されたことは，あくまでも提案です。職務上の命令のように仕事として実行しなければならないものではありません。

　けれども，子どもと保護者が時間も気持ちも使って検査に向き合った結果から導きだされたものですので，大切な情報のひとつとして，活用していってほしいと思います。

【ケース1】

吃音のある子ども

【カイトさんの様子】

　小学2年生のカイトさんは，「せ，せ，せ，せんせい」「きーーーーっのうのかえり」のように，言葉を繰り返したり引き伸ばしたりする様子がみられています。

　最近，そのような様子が増えたことから，ご家族が地域の医療機関（耳鼻科）に相談しました。

　そこで，吃音やことばの発達に関する検査が実施されました。

　その結果，年齢相応かそれ以上のことばの力がありそうなことに加えて，吃音の頻度は高く，症状は重いことがわかりました。

　検査結果報告書では，吃音そのものに対する直接的なアプローチは医療機関にて実施されることが示されました。また，学校での配慮を検討するときに踏まえるとよいこととして，下記のことが挙げられていました。

検査結果報告書における提案
・声が出るまでに時間がかかることもあるが，発話意欲は高いため，待てるときには待つことが望ましい。 ・誰かと一緒に声を重ねると声を出しやすくなることがある。 ・接する機会がある大人に吃音の知識があることが望ましい。

カイトさんの学校での生活を踏まえたとき，どのような場面で，どのような対応が考えられるでしょうか。

校内委員会などで検討される対応例を具体的にみていきます。また，児童が主語になる個別指導計画にはどのように書くことができるか，【検査結果報告書内の提案】→【対応の具体案】→【「個別の指導計画」の手立て】という流れでみていきます。

①九九を暗記できたか確認するための手立て

検査結果報告書内の提案	声が出るまでに時間がかかることもあるが，発話意欲は高いため，待てるときには待つことが望ましい。
対応の具体案	九九を暗記したかどうかを確認する必要があるときには，時間制限下での音声での解答は求めず，筆記で，あるいは正誤のみで評価する。
「個別の指導計画」の手立て	九九を暗記したかどうかを確認するテストについては，音声で解答するか筆記で解答するかを自分で選び，テストを受ける。

②司会や日直の号令をするための手立て

検査結果報告書内の提案	誰かと一緒に声を重ねると声を出しやすくなることがある。
対応の具体案	司会や日直の号令のようにある程度決まっている言葉を言う役割は2人組で発声する。
「個別の指導計画」の手立て	司会や日直の号令のようにある程度決まっている言葉を言う役割をペアの児童と取り組む。

③「個別の教育支援計画」との関連

　【対応の具体案】のように，子どもの周囲が主語になることについては，「個別の教育支援計画」に記入します。

　「個別の指導計画」において，子どもが取り組むことと併記できる書式もあれば，そうでない書式もありますが，いつでも確認できるように書類に記載しておくことが大切になります。

　例えば，「接する機会がある大人に吃音の知識があることが望ましい」のように子どもの周囲が取り組むことについては，話し合いを通して以下のような内容を記載しておくことも可能です。

「個別の教育支援計画」への記載文例①
吃音を含めて言葉についての周囲の児童からの質問やからかいへの対応について確認しておく。

　教員になって数年の者も多いため「いろんな人が研究しているけれど，これということはわかっていない」「言葉も体のように一人ひとりの大切なものなのでからかう態度には厳しく対応する」のような子どもたちに説明するときに使えるかもしれない言葉も共有しておくとよいでしょう。

「個別の教育支援計画」への記載文例②
各種対応について周囲の児童に説明する。

　各種対応について周囲の児童にどのように説明するとよいのかは，周囲の児童とその教員との関係性によって変わってくると思われます。

　話し合いを含めて必要な手続きをとったこと，似たような状況になったら誰でも話し合いができること，その他のことでも困ったことがあるときにはいつでも相談できること，からかいのように誰かが嫌な気持ちになるような言動は許されないこと，のような主旨が改めて伝わるとよいでしょう。

　検査結果報告書から得られた情報が，子どもが主語になること，子どもの周囲が主語になること，どちらにつながることなのかを常に意識しながら読んでいきましょう。

　検査結果報告書において，対応の案として出たけれども，実行が不可能なこともあります。例えば，外部を活用した取り組みや，予算の増額が必要な取り組みなどは，学校の実情によっては行いたくても行えないことがあるからです。

　したがって，なぜ検査結果報告書で示された取り組みの実行が不可能なのか理由を書いておくとよいでしょう。外部を活用した取り組み，予算の増額が必要な取り組みには根拠も必要だからです。

【ケース2】

難聴のある子ども

【サクラさんの様子】

サクラさんは，幼児期前期にことばの発達が遅れていることをきっかけに中等度難聴があることがわかり，両耳（りょうじ）に補聴器を装用しています。

就学前は地域の公的機関で療育を受けており，就学後は校内にある通級による指導を活用しています。

主治医がいる医療機関において聴力の検査やことばの発達の検査などを定期的に受けており，学校にもその報告書が届きました。そこからは「聴力は変動なく安定していること」「知的な発達水準は平均の範囲内にあること」「就学前の検査と比較してことばの力が伸びていること」がわかりました。

これから学校での学習の中で抽象的な内容に触れたり，他者の考えにも触れたりする機会が増えていきます。そのことが，ことばを含めた発達にも大きく影響すると考えられるため，今後の支援や学校での配慮を検討するときに踏まえるとよいこととして，下記のことが挙げられていました。

検査結果報告書における提案
・音声情報の理解を支えるための視覚的な手がかりの多い座席が望ましい。 ・騒音の中での聞き取りをサポートするため，授業者の声や発言者の声が補聴器に直接届くシステムの活用が望ましい。 ・場面に合わせて要約筆記のように音声を文字化することが望ましい。

・語彙や文法などことばの力が伸びてきているので，言語のトレーニングの継続が望ましい。

　検査結果報告書内の提案，対応の具体例，個別の指導計画への記載案の順にみていきます。

①音声情報の理解を支えるための手立て

検査結果報告書内の提案	音声情報の理解を支えるための視覚的な手がかりの多い座席が望ましい。
対応の具体案	授業者のことも見えやすく，他の児童の動きも手がかりになるように，前から2～3列で中央の席を検討する。
「個別の指導計画」の手立て	特別教室での位置を含め，座席について思っていることや考えていることを担任や通級による指導の担当者に伝える。

　補聴器を活用していても，難聴の子どもの聞こえ方は周囲の児童と同じではありません。子音の部分が聞こえにくかったり，歪んで聞こえていたりすることもあります。例えば「片方のアサガオを……」が「ああほうのあああおを……」のように聞こえることで，何をどうすればよいのか理解するまでに時間がかかることがあります。難聴の子どもは話している人の言葉だけでなく，抑揚，唇の動きや表情，体の動き，指示したもの，書いたものなど，さまざまな情報を手がかりに音声情報を補い理解します。また，次から次へと情報が飛び交う学校の授業では周囲の児童の動きも手がかりにします。よって，授業者の姿，板書，掲示物，他児の様子などが見やすい場所にいることは，音声情報を補うために必要なことです。

②騒音の中での聞き取りをサポートするための手立て

検査結果報告書内の提案	騒音の中での聞き取りをサポートするため，授業者の声や発言者の声が補聴器に直接届くシステムの活用が望ましい。
対応の具体案	補聴援助システムのうち，デジタル無線システム（例：フォナック社のロジャー）について，家庭および通級による指導の担当者と検討し，使用の際には，通級による指導の担当者から授業者へシステムや具体的な使い方のレクチャーを行う。
「個別の指導計画」の手立て	補聴援助システムを使用するときは時間を決めて授業者に授業者が使用するマイクを渡す。

　補聴器は人と会話をするときの距離（１メートル前後）を踏まえて作られています。そのため，話している人との距離が変化する授業や用具を使う音のように必然的な物音が多い教室では聞き取りが難しくなることが少なくありません。このようなときのために話している人の声をワイヤレスマイクに通し，子どもの補聴器（補聴器に内蔵または装着した受信機）に直接届けるシステムがワイヤレス補聴援助システムです。20メートル前後の距離まで対応している機器もあり，座ったまま受ける授業だけでなく，机の位置を変更しての話し合い活動，校庭での植物や生物の観察，理科室での実験，図工室での制作，音楽室での器楽練習，教室内を動き回ることもある英語の学習など，さまざまな場面で活用することができます。

③音声を文字化するための手立て

検査結果報告書内の提案	場面に合わせて要約筆記のように音声を文字化することが望ましい。
対応の具体案	授業者は児童への指示をモニターに映したり，黒板やホワイトボードに書いたりする。 地域の要約筆記ボランティアの活用について確認し，試行する。
「個別の指導計画」の手立て	複数の教科での要約筆記を体験し，感想を伝えたり，要約筆記が必要な場面とそうでない場面とを考えたりする。

　要約筆記とは，話し手の言葉を要約して文字にすることで，聞こえにくい人への情報を保障する手段の一つです。話し手の言葉を1音ずつすべて文字にすることは難しいため，内容を要約して伝えます。手書きのこともあればパソコンのような機器を使うこともあります。多くの自治体で要約筆記者の養成と派遣事業を行っています。地域の窓口を知り，そことつなぐことも特別支援教育コーディネーターとして大切な仕事の1つです。また，音声を文字化するアプリは次々出ています。児童に貸与されている機器で使えるものを試してみることもよいと思われます。

　「語彙や文法などことばの力が伸びてきているので，言語のトレーニングの継続が望ましい」のように通級による指導の範囲に入るものについては，その学級での「個別の指導計画」に反映されるようにし，進捗状況などは知らせてもらうようにするとよいでしょう。

【ケース3】

読み書きに困難のある子ども

【ユウナさんの様子】

　２年生の３学期になっても，ひらがなを読んだり書いたりすることが難しいです。

　小学校に巡回していた心理士より，公的な教育相談機関を紹介され，知的な発達の水準，読み書きの力についての検査を受けました。

　その結果，知的な発達の水準は平均より高い範囲にあり，音声言語の理解や表出は強い力であるものの，１文字を読むのに２～３秒かかるものがあったり，検査の中で，形を思い出せないカタカナが半数以上あったりすることがわかりました。これは同じ年齢集団の中では，非常に低い位置にあります。

　学校における読み書きそのものへのアプローチだけでなく，集団での学び方にも工夫が必要とのことで，視覚的な情報の理解と，表出の保障が挙げられていました。具体的には下記のようなことでした。

検査結果報告書における提案
・文字情報を理解しやすいように代読を聞いたり，読み上げ機能などがある機器を活用したりすることがよいのではないか。 ・書字以外の方法も用いて学習内容を理解しているかどうかを確認することが望ましい。 ・機器を活用した表出方法を身に付けることが今後必要になるのではないか。

　検査結果報告書内の提案，対応の具体例，個別の指導計画への記載案の順にみていきます。

①文字情報を保障するための手立て

検査結果報告書内の提案	文字情報を理解しやすいように代読を聞いたり，読み上げ機能などがある機器を活用したりすることがよいのではないか。
対応の具体案	・国語科に限らずどの教科でも教科書の記述や文章問題を読み聞かせる。 ・音読の宿題は読み上げ機能を用いて聞くことに代替してもよいとする。
「個別の指導計画」の手立て	読み聞かせや読み上げを聞きながら活動に取り組み，わからないことを質問したり，再度の読み上げが必要なときに伝えたりする。

　難聴がある子どもには音声情報を文字化して情報の保障をしますが，読みに困難さがある子どもには文字情報を音声化して情報の保障をします。最近では，ICT の「読み上げ機能」を活用した例も増えています。使えるものを積極的に試してみましょう。文字情報を音声化しても内容の理解につながらないことはあります。この部分は，自分で読むことができる子どもも，読んで内容を理解できるときがあったり，読んでも内容を理解できないことがあったりすることと同じです。

②学習内容を理解しているかどうかを確認するための手立て

検査結果報告書内の提案	書字以外の方法も用いて学習内容を理解しているかどうかを確認することが望ましい。
対応の具体案	・単元ごとのテストでは記入していない箇所の問題を本人の希望に沿って読み聞かせる。 ・選択肢の中から書き写す必要がある問題では，選択肢と解答欄を結ぶような答え方でもよいとする。 ・テストの解答は代筆でもよいとする。
「個別の指導計画」の手立て	自分で読んだり書いたりするだけでなく，代読や代筆などのサポートを受けながら問題に取り組み，自分で読むところ，自分で書くところを選ぶ。

　「テストの解答は代筆でもよいとする」ということについて，もしかしたら「そんなことをしていいのか？」と驚かれる教師もいるかもしれません。しかし，ここで大切なことは，子どもが理解しているかどうかを確認するため，子どもが発した音声情報を代筆を通して文字化する，ということです。ですから，子どもが発した言葉を「そのまま」文字にすることが求められます。例えば「兵十はごんだと知らなかったことを思いました」のように理解しがたい文であってもそのまま文字化することが大切です。

③ ICT 機器を活用した表出方法を身に付けるための手立て

検査結果報告書内の提案	機器を活用した表出方法を身に付けることが今後必要になるのではないか。
対応の具体案	スキルの獲得・向上のための個別の支援は教育相談機関と家庭で行うようにし，身に付けたスキルを授業内で活用できるようにするため，進捗状況について報告し合う。
「個別の指導計画」の手立て	・機器による読み上げや入力を大人と一緒に試す。 ・五十音表を基にした入力を試したり，フリック入力を試したりする。

　児童が過ごす環境は一律ではありません。もし，似たような特徴のある児童が，同じ検査を受け，同じような結果が出て，同じような解釈がなされていたとします。けれども，その児童が過ごす学校生活は同じではありません。ですから，その環境下で実行できる形に変換していくことは，その児童と学校を熟知している人たちでないと難しいことです。

　特別支援教育コーディネーターに求められていることは，検査結果の解釈ではなく，解釈されたことをその子の学校生活にどのように落とし込んでいくかを校内委員会のメンバーと一緒に考え，実行できる形に変換していくことをサポートすることだと思います。

体や手指をスムーズに動かすことに
困難がある子ども

【ハルトさんの様子】

幼児期は粘土遊びや折り紙で遊ぶより絵本
や紙芝居を読んでもらうことを好み，体を動
かすことはきらいではないものの，ジャング
ルジムをこわがったり，ダンスをなかなか覚
えられなかったりする様子がみられていまし
た。

就学後，文字を書くことができるものの大
きさがふぞろいになったり，長さや形につい

ての理解はできるものの，ハサミを使った作業や定規やコンパスのような道
具を使った作図が難しい様子がみられたりしました。

音楽の授業で使用する鍵盤ハーモニカやリコーダーは，楽譜を読めていて
も指が円滑に動かず，楽譜とは異なる音を出す様子が多くみられました。

かかりつけの小児科医から紹介された医療機関で，知能検査，体の動きに
関する検査を受けました。

知能検査では，知的な発達に遅れはみられなかったものの，物の操作を必
要とする検査では時間がかかったりやり直したりする様子が頻繁にみられた
ようでした。

担当医師より発達性協調運動症の可能性が高いとのことで，作業療法士に
よる療育が始まりました。検査結果報告書内では，学校での配慮事項として
以下のことが勧められていました。

　検査結果報告書内の提案，対応の具体例，個別の指導計画への記載案の順にみていきます。

①本人が使いやすい道具を用いるための手立て

検査結果報告書内の提案	学習活動に必要な道具の使い方が円滑にいかないことが多いことが予想されるため，本人が使いやすい道具を用いることが望ましい。
対応の具体案	・リコーダーは孔の部分が押さえやすい作りになっているものを使用してみたり，鍵盤ハーモニカの演奏では，動かしやすい指のみを用いて演奏してみたりする。 ・ハサミ，定規，コンパスのような学習活動で使用する道具については，持ちやすさやすべりにくさのような機能を踏まえて使用してみる。 ・道具を使用しての作図が難しいときには，貸与されているタブレットでのアプリを用いた作図も試みる。
「個別の指導計画」の手立て	操作しやすい道具やアプリなどを使って学習活動へ参加する。使いやすさについて言語化し，どのようなときにどのような道具やアプリを使って参加するのか考える。

現在，さまざまなリコーダーが販売されています。筒が一音ずつ輪切りの状態で販売されているリコーダーは，孔の位置を子どもの押さえやすい位置に調整することができます。また孔の部分が押さえやすいように加工されているリコーダーもあります。

使う指や力加減に左右されにくいように持ち手が工夫されたハサミ，滑り止めがついた定規，回しやすいコンパス，コンパスの針が安定しやすいシートなどもあります。どのようなものが合うかは子どもそれぞれです。楽器も道具も学校に見本としていくつか用意しておくとよいでしょう。

②作業の時間を調整するための手立て

検査結果報告書内の提案	本人に合った道具を使ったとしても，作業に時間がかかることが予想されるため，作業の時間を調整することが望ましい。
対応の具体案	・作図の内容によって必要な時間は異なることが考えられるため，作図にかかった時間を記録しておき，テストのときにどれくらい時間を増やしたらよいのかの判断基準にする。 ・アプリでの作図も併用することで，描くためにどのように考えたのか言語化を促し，評価する。
「個別の指導計画」の手立て	・作図にどれくらい時間がかかるのか機器を用いて測定する。 ・道具を使って作図をするか，アプリを使って作図をするか，その都度，自分の考えを伝える。

作図のためのアプリも増えてきました。アプリ内である点とある点とをタップすると直線を引くことができたり，アプリ内で定規，分度器，コンパスなどを操作して各種三角形や四角形を描いたりすることができたりするものもあります。作図の方法は理解できているけれど道具の操作が難しい場合に

活用することができます。作図のために必要なことを理解しているのかどうなのか評価するときの手がかりになります。また，データを学級内で共有することもできるため，作図の方法を伝え合うような学習に使うことも可能です。

注意の持続や書くことが困難な子ども

【マドカさんの様子】

マドカさんは見たこと聞いたこと，いろいろなことに関心をもつことができますが，取り組むべきことに注意が持続しにくい様子がみられていました。

また，文字を読むことはできますが，書くことは困難であり，文字の形が整いにくい様子がみられています。加えて，筆記でも機器を用いてでも文章を構成することに時間がかかる様子がみられています。

通級による指導を利用するにあたり，教育相談機関でアセスメントが実施されました。情報の捉え方や処理の傾向を捉えようとする検査と，語彙や読み書き計算などの基礎的な力を捉えようとする検査を受けました。

検査中は課題からそれることはなく注意を持続させる様子がみられたものの，視覚的な情報も聴覚的な情報も一時的に覚えたり思い出したりする力は強くないことがわかりました。また，基礎的な語彙はあるものの，文字を書いたり文章を構成する力は本人の中では弱いこと，読んだり計算したりする力は強いことなどがわかりました。

検査結果報告書内では，個別の指導を通して書字や文章の構成についての支援を受けられるとよいことに加え，集団で学ぶ場での配慮事項として以下のことが挙げられていました。

検査結果報告書における提案
・文字や文を書くことに時間がかかっているため，機器を活用したり，書く量を調整したりすることで，学習の継続が促されると思われる。 ・文章の構成が難しく，視覚的な手がかりの中で具体的なものが有効だと考えられる。 ・検査を実施した刺激の少ない環境では集中が持続する様子がみられたため，刺激が少ない環境で学習する機会があるとよいのではないか。

　検査結果報告書内の提案，対応の具体例，個別の指導計画への記載案の順にみていきます。

①書くための手立て

検査結果報告書内の提案	文字や文を書くことに時間がかかっているため，機器を活用したり，書く量を調整したりすることで，学習の継続が促されると思われる。
対応の具体案	・板書の記録や作文などは所定の用紙でも貸与されたタブレット端末でもよいとする。 ・漢字の学習では正確さを優先し，書いた個数ではなく，5分間のような決められた時間で終了する。
「個別の指導計画」の手立て	書く必要がある量によって，ツールを選びながら学習活動に参加する。

　文字を書くこと，文章を考えること，どちらにも支援が必要な場合，文章を考えることを優先するのであれば，文字を書くことの負荷は減らせるだけ減らすことを考えます。そのとき機器は強力なサポーターとなります。音声入力，50音表からの入力，かな入力，ローマ字入力など，その子どもが使える方法で試行を開始することが大切です。また，入力を練習するときには，

あらかじめ文を用意しておくなど文章を考える負荷を減らせるだけ減らすことを考えます。

②文章を構成するための手立て

検査結果報告書内の提案	文章の構成が難しく，視覚的な手がかりの中で具体的なものが有効だと考えられる。
対応の具体案	国語科で使用されることが多い「５Ｗ１Ｈ」のシートをいつでも使えるようにしたり，文章を書く課題では見本や型を示したりする。貸与された機器に搭載されているマインドマップのようなアプリも試行する。
「個別の指導計画」の手立て	文章を書く課題では見本および型を参考にしながら書く。

　観察したことを書いたり，見たり聞いたりしたことをまとめたり，その日に思ったことや考えたことを書いたり，読んだことの感想を書いたり，特定の人へあてて手紙をつづったりなど，学習活動に文章を構成する活動は多いものです。文章の構成も，平仮名を１文字ずつ教わるときと同じように明示的に学習していく機会が大切です。個別指導の場では実施可能でしょうが，集団の中では難しいことも多いでしょう。見本となる文や型を提示し，真似してみよう，少しアレンジして書いてみようからスタートすることも手立ての一つです。

③集中を持続するための手立て

検査結果報告書内の提案	検査を実施した刺激の少ない環境では集中が持続する様子がみられたため，刺激の少ない環境で学習する機会があるとよいのではないか。
対応の具体案	・座席は教室の中で他の児童が視界に入りにくい場所にする。 ・児童机に設置可能なついたてを必要なときに使用できるようにする。 ・安全管理が可能なときは支援関係の職員と一緒に他の部屋の使用も検討する。 ・教室内への騒音への反応が多ければ，イヤホンやイヤーマフなどの使用を試みる。
「個別の指導計画」の手立て	・ついたてや他の部屋を使用したりしながら学習活動に取り組む。 ・活動への取り組み状態について，授業者や支援関係の職員と一緒に振り返る。

　検査は可能な限り刺激の少ない部屋で実施することが望ましいため，騒音も物も少ない部屋での実施が検討されます。また，1対1という状態は注意を向けるべきものごとが明確です。この環境は教室で授業を受けるときの環境と大きく異なり，子どもの注意が持続しやすい状態が続くことがあります。ここに支援の手がかりがあります。集団で学ぶ場に応用できることを探してみましょう。

　学校の人的環境も物理的環境も常に変化します。考えたことがいつも実行できるとは限りません。ついたてのような物の活用は，予算の関係で実行までに時間がかかることもあります。
　サポートに関係する職員のような人材の活用は，募集をかけても応募がなかったり採用までに時間がかかったりすることが現実だと思います。

また，児童の安全管理は何よりも優先されるため，空いている教室やスペースの利用には，人の配置が必要なため，急に中止にしなければならないこともあります。

　子どもの教育を受ける権利を大切にしつつ，校内委員会では，待たなければならないときは待つ，実行が無理なときは無理，のように判断しなければなりません。実際に取り組めることを確実に進めていくことは，支援の継続にあたりとても大切なことだと思います。

4章

「個別の指導計画」を
活用する技法

「学校のリソース」のコーディネートのために活用する

特別支援教育コーディネーターは「コーディネート」するのが本務
① 「学校のリソース」を確認する
② 「学校のリソース」をコーディネートする

本章では，「個別の指導計画」を活用する方法について見ていきます。

> 　個別の教育支援計画や個別の指導計画はあくまで児童等の支援や指導に関する関係機関との連携のためのツールであり，<u>作成すること自体が目的ではありません</u>。（発達障害を含む障害のある幼児児童生徒に対する教育支援体制整備ガイドライン〜発達障害等の可能性の段階から，教育的ニーズに気付き，支え，つなぐために〜，2017年）

　ここにも示されている通り，「個別の指導計画」は作成すること自体が目的ではありません。**活用してこそ「個別の指導計画」は子どものためのツールとなります。**

① 「学校のリソース」を確認する

　学校のリソースとは，学校に「今あるもの」のことです。

【学校のリソース 例】

人のリソース	教職員，スクールカウンセラー，スクールソーシャルワーカー，支援員，ボランティア 等
場所のリソース	空き教室，クールダウンスペース 等
物のリソース	教材，教具，ICT機器 等

　学校教育はすでに良質の資源（リソース）を数多くもっています。教職員は「人のリソース」ですし，教室は「場所のリソース」です。

　これらのリソースは「個別の指導計画」の「手立て」になります。

　リソースは有限です。例えば，学校に1名しかいない支援員（人のリソース）をある子どもの「手立て」として活用したいと考えたとします。しかし，校内の他の子どもも支援員を活用したい場合には，どのように支援員を活用するのかを調整しなければなりません。

　調整とは，すなわちコーディネートです。校内の特別支援教育に関することをコーディネートするからこそ，特別支援教育コーディネーターと呼ばれるのです。

　校内のリソースをコーディネートするのは，まさに特別支援教育コーディネーターの本務であり，これを究めることが特別支援教育コーディネーターの専門性だといえるでしょう。

　まず，特別支援教育コーディネーターは，校内外のリソースをリストアップすることから始めていくとよいでしょう。

　例えば，教師やボランティアスタッフなど「人のリソース」であれば「いつが空き時間か」「いつなら対応可能か」。教室や校庭など「場所のリソース」であれば「いつが空いているか」「危険な箇所はないか」。教材・教具などの「物のリソース」であれば「何がどこにあるか」「誰の使用許可が必要か」といった情報を整理しておくとよいでしょう。

そして，「個別の指導計画」作成の段階で，複数の子どもが同じリソースを活用したい希望が出てきたら，どのようにそのリソースを使用できるのかを調整していきます。

② 「学校のリソース」をコーディネートする

「人のリソース」をコーディネートする
「場所のリソース」をコーディネートする

【「人のリソース」をコーディネートする】
教師

教室に複数の教師が必要な場合，あるいは別室での指導に教師が必要な場合などがあります。

もしかしたら，突発的な対応が必要なこともあります。教師一人ひとりについて「いつが空き時間か」「いつなら対応可能か」ということを確認しておくとよいでしょう。

教師以外のスタッフ

例えば，スクールカウンセラーやスクールソーシャルワーカーのような，教育を専門としない専門家スタッフも学校にはいます。

教師同士であれば「なんとなくわかるでしょ？」という教師特有の理屈や感覚といったものは，教育を専門としないスタッフに対しては通用しにくいと考えておいた方がよいでしょう。

したがって，文書で示すことのできる「個別の指導計画」や「個別の教育支援計画」の活用が求められます。

「子どもを支援する」専門家であるスクールカウンセラーやスクールソー

シャルワーカーには，あらかじめ「個別の指導計画」や「個別の教育支援計画」の文書で情報共有を図っていくとよいでしょう。

支援員

　先ほども例えを出しましたが，支援員をリソースとして活用したいと考えるケースは多いです。自治体によって仕組みも異なると思いますが，支援員の数は有限，つまり必要だからといって何人も要望することは難しい学校が多いのではないでしょうか。

　どの子どもに支援員のリソースを使うか，特別支援教育コーディネーターは学校全体を見渡しながら，コーディネートしていくことが求められます。

管理職

　校長や副校長などの管理職が，子どもの保護者や関連機関と対応をすることがあります。

　その際に，管理職は学校側の指導の方針について説明することになります。**学校側の指導の方針を端的に説明できる書類が，「個別の指導計画」と「個別の教育支援計画」になります。**

【「場所のリソース」をコーディネートする】

　クールダウンするために「空き教室」があることは非常にありがたいです。

　しかし，空き教室の数は有限です。クールダウンのために空き教室を活用したい子どもが何人もいたら，きっと収拾がつかなくなります。

　「個別の指導計画」作成の段階で，どの子どもがいつ空き教室を使用できるのか，特別支援教育コーディネーターは学校全体を見渡しながら，コーディネートしていくとよいでしょう。

引継ぎのために活用する

Check!

個人情報に配慮した引継ぎを行う
①転入してきた子どもの情報を得る
②転出先へ情報提供する

①転入してきた子どもの情報を得る

　転居等により転入してきた子どもや，進学してきた子どもについて，何か支援が必要だと思われる場合は，以前の学校で作成された「個別の指導計画」があるかどうかを，まず確認します。

　学校や自治体によって，さまざまな対応があります。「個別の指導計画」は個人情報ですので，引継ぎにあたっては，情報が外部に流出することのないよう配慮したうえで行われることになります。

郵送の場合

　以前の学校より郵送によって「個別の指導計画」が送られてくる場合は，まず特別支援教育コーディネーターが内容物を確認します。そして，学校で定めた方法によって，保管しておくようにします。

保護者経由の場合

　以前の学校にて，「新しい学校に渡してください」と保護者が依頼されるケースがあります。この場合は，保護者経由で「個別の指導計画」が手渡し

されることになります。

　情報の引継ぎの安全性という点では，保護者を経由して，引継ぎをするというのは安全な方法です。

　以前の学校の「個別の指導計画」は，新しい学校でコピーをとり，原本は保護者に返却するとよいでしょう。やはり，以前の学校のものとはいえ，子どもにとっての貴重な資料であり，個人情報です。その点を意識した丁寧な扱い方が必要です。

　もし，保護者から提出がないようであれば，以前の学校で「個別の指導計画」が作成されていたかどうかを確認します。「個別の指導計画」が作成されていたようであれば，そのコピーをしてもらえるかどうかを相談してみます。

「個別の指導計画」の作成が不明の場合

　以前の学校では支援の必要性がなかったり，あるいは何らかの事情があったりして，「個別の指導計画」が作成されていないケースもあります。

　この場合は，特別支援教育コーディネーターが，以前の学校に電話等で問い合わせをして，情報を得る必要があるかもしれません。

　いずれのケースにおいても，現在の学校の様式に応じた新しい「個別の指導計画」の作成を行います。

　そのためには，以前の学校で作成された「個別の指導計画」を読み，子どもがどのようなことに困難を抱えているのかを確認する必要があります。

　子どもが以前の学校で見られた困難は，現在の学校でも同じように見られる可能性は高いです。しかし，学校の環境が変わったために，以前の学校で見られたような困難が見られないこともよくあります。

　したがって，新しい学校でも行動観察を行っていくことは必要です。新しい学校での子どもの様子を踏まえたうえで，以前の学校の「個別の指導計画」の情報とあわせて，新しい「個別の指導計画」を作成していくことにな

ります。

　新しい「個別の指導計画」の作成にあたっては，特別支援教育コーディネーターが，「いつまでに」作成するのかということを作成者（学級担任等）に指示します。例えば「次回の校内委員会にて共有しますので，その日までに作成してください」のように指示すると，作成者も見通しをもちやすくなります。

②転出先へ情報提供する

　今度は，他の学校に転出する子どものケースです。学校や自治体において，情報の引継ぎに関するルールがあるようであれば，それにしたがって，「個別の指導計画」を次の学校に引き継ぐことになります。

転校・転学の場合

　留意したいのは「個別の指導計画」の「評価」の欄です。

　本来であれば，「個別の指導計画」は学期末や学年末に「評価」の欄の記入を行うところです。しかし，学期途中の転校・転学であれば，「評価」の欄を記入したうえで，次の学校へ引継ぎを行います。

　学校間での引継ぎ方法は先述したとおり，いくつかの方法があります。郵送等で送付するようであれば，先方の学校の特別支援教育コーディネーターに一報を入れ，到着したら確認のお願いをするなど，個人情報の保護について配慮しながら行うとよいでしょう。

進学の場合

　進学に伴うケースは，多様なケースが想定されます。そのため，進学先に応じた対応を考えていくことになります。

　日頃から連携がとれている地域の小学校から中学校への進学の場合は，ス

ムーズに引継ぎできるでしょう。しかし，公立の小学校から，私立の中学校に進学した場合や，中学校から高等学校へ進学した場合などは，なかなか学校間の意思疎通が難しいことがあります。

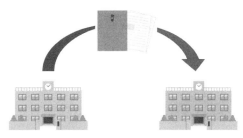

転校・転学でも，進学でも
「個別の指導計画」の引継ぎを忘れずに！

「個別の指導計画」の引継ぎ方法は先述したとおり，いくつかの方法があります。直接送付するにせよ，保護者を経由するにせよ，「個別の指導計画」を進学先に提供できるようにすることは，子どもの成長を支えるためには大切なことです。

　特別支援教育コーディネーターとして，「個別の指導計画」の引継ぎと同じくらい大切なことがあります。それは，**進学先の学校からの問い合わせがあった際に，スムーズに対応できるようにしておくこと**です。

　特に新学期は，教員の異動があります。進学先の学校から問い合わせがあったときに「昨年度の担任がいないのでわかりません」ということが起こりやすいです。これだと，進学先の学校も，子どもの指導や支援を行う際に困ってしまうことになります。

　したがって，特別支援教育コーディネーターが情報を整理して，保管しておくことが必要です。

　進学先からの問い合わせがあったときに，誰がどうやって対応するのかということも想定しておくとよいでしょう。

通級指導との連携のために活用する

①「学んだ方法を使える」ようにしていく

書字が苦手なアカネさんのケース

　　　通級指導にて，タブレット端末のキーボードやカメラ機能，メモ機能などを用いて，書字の困難さを克服できるような学習を行っています。

　もし，アカネさんの在籍学級の授業では「一人だけタブレット端末を使うことは認めません」という指導を行っていたらどうでしょうか。これでは，アカネさんの学習には意味がなくなってしまいます。

　通常の学級と通級指導は連携した指導が望まれます。そのためにも「個別の指導計画」にて，一貫した指導ができるようにしていくことが必要です。

　在籍学級の担任は，「タブレットをうまく使えている」あるいは「タブレットがあると学習に集中しなくなった」といったアカネさんの様子を通級指導にフィードバックしていくとよいでしょう。

②取り組みの歩調を合わせる

クールダウンの練習をしているショウさんのケース

　　　　ショウさんは，授業中に落ち着かなくなってしまうことがあります。通級指導で，一時的に廊下に出てクールダウンをするという練習をしています。

　このようなケースでも，在籍学級と通級指導で歩調を合わせていく必要があります。

　もし，ショウさんの在籍学級の授業中に，廊下に出てクールダウンしようと教室を出たときに「おい！　どこに行くんだ！　戻ってきなさい！」という注意を担任がしたらどうでしょうか。これはショウさんが混乱してしまいます。これは歩調を合わせた取り組みとはいえません。

　そうではなく，うまくクールダウンができたときは「よくできたね」とほめていけば，子どもも「これでよかったんだ」と成功体験に変わっていきます。

　これもアカネさんのケースと同様，「個別の指導計画」にて，一貫した指導ができるようにしていくことが必要です。

　在籍学級では，通級指導教室での指導の経過に合わせて，取り組みを肯定的に支えていくとよいでしょう。

　学級担任の立場に立てば，何か困難がある子どもに対して「早く何とかしたい」という思いをもつのは仕方ないことです。そのため，対症療法的な指導を望みがちです。

　しかし，**子どもの困難を改善・克服するためには，やはり計画的な指導に勝るものはありません。**そのために「個別の指導計画」があるといっても過言ではありません。

「個別の教育支援計画」と 一体的に活用する

子ども・保護者とのトラブルを防ぐ！
①学習評価に関することはトラブルになりやすいことを理解する
②引き継ぐことでトラブルを回避する

①学習評価に関することはトラブルになりやすいことを理解する

漢字を微妙に間違えるカズヤさんのケース

　　　カズヤさんは，書字が困難な学習障害（LD）の４年生です。漢字は，線や点が足りなかったり，「はね」がないことがよく見られます。

　右図は，カズヤさんの漢字のテストです。本当は，「写」の字の○のところは「はね」があるのが正確です。「正しい漢字を教えたい」という意識の強い教師は，この解答を「×」にすることもあるでしょう。

　しかし，カズヤさんの漢字の解答に対して，「とめ」「はね」などを厳密に判定してしまうと，すべての回答が「×」になってしまい，得点を取れなくなってしまうことも考えられます。

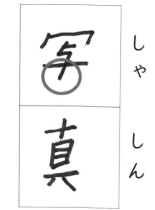

案の定，カズヤさんは，「どんなに頑張っても，漢字テストで×ばかりだ。漢字がイヤになってきた……」と言っています。

障害のある子どもの学習意欲を失わせてまでも，厳密な「学習評価」を行なうべきなのでしょうか。

【学習評価の改善の基本的な方向性】

【1】児童生徒の学習改善につながるものにしていくこと
【2】教師の指導改善につながるものにしていくこと
【3】これまで慣行として行われてきたことでも，必要性・妥当性が認められないものは見直していくこと
（文部科学省　小学校，中学校，高等学校及び特別支援学校等における児童生徒の学習評価及び指導要録の改善等について（通知），2019年）

カズヤさんの漢字テストを厳密に採点することは，もしかしたら「これまで慣行として行われてきたことでも，必要性・妥当性が認められないものは見直していくこと」に当たるかもしれません。もちろんこれについては議論が必要ですが，少なくともカズヤさんへの指導を考えるならば「教師の指導改善につながるものにしていくこと」という視点は必要です。

カズヤさんの担任は，カズヤさんの保護者とも相談したうえで，読めるレベルの漢字であれば，多少誤りがあっても漢字テストは「○」にすることにしました。ただし，テスト後に「ここは，こうするのが正しい」ということを個別に指導するようにしました。

テストの採点を配慮したところ，カズヤさんは漢字の学習にも意欲的になり，不正確さはあるものの，漢字テストはしっかりと取り組んでいます。

特に小学校では担任の裁量で，「漢字が多少間違えていても正答にする」

といったような学習評価に関する配慮が行われることが多いです。

　しかし，担任の裁量で行われるということは，担任が変わると，また方針が変わってしまうということになりがちです。

　子どもや保護者の立場から見たらどうでしょうか。「前の担任は配慮してくれたのに，今度の担任は配慮してくれない」という学校に対する不信を招いてしまうことが懸念されます。進級のたびに，翻弄されるのは子どもと保護者です。

　このような細かいところで，学校と子ども・保護者の思いが食い違うとトラブルに発展することがあります。もちろん，学校としてはカズヤさんを困らせるために行っていることではありません。しかし，結果として，子ども・保護者が学校に対して不信感をもってしまうことはよくあります。これは学校としては避けたいところです。

②引き継ぐことでトラブルを回避する

　「個別の指導計画」と「個別の教育支援計画」を引き継ぐことで，トラブルを回避することができます。

【カズヤさんの個別の指導計画　文例】

目標	手立て
４年生の漢字を覚えることができる。	・読める字であれば漢字テストでは○にする。 ・個別指導にて，どこが誤っているのかを確認する。

　「個別の指導計画」は，「目標」は主語がカズヤさん，つまり子どもになっています。カズヤさんがどのようになってほしいのかが「目標」となっています。

【カズヤさんの個別の教育支援計画　文例】

目標	手立て
漢字テストなどに取り組みやすい手立てを講じる。	・読める字であれば漢字テストでは○にする。 ・個別指導にて，どこが誤っているのかを確認する。

　「個別の教育支援計画」は，「目標」は主語が教師になっています。どのように支援するかを目標として表しています。

　この「個別の指導計画」と「個別の教育支援計画」を子ども・保護者に渡すということは，「このように指導と支援をしていきます」という学校としての約束をすることになります。

　また，進級や進学の際の引継ぎも重要です。「昨年度まではこのように指導・支援を行っていました」ということを引き継ぐことで一貫した指導・支援になります。

　特に「個別の教育支援計画」は合理的配慮の提供に関することですので，以下に示されている通り，適切に引き継がれなければなりません。

　進学等の移行時においても途切れることのない一貫した支援を提供するため，個別の教育支援計画の引継ぎ，学校間や関係機関も含めた情報交換等により，合理的配慮の引継ぎを行うことが必要であること。（文部科学省所管事業分野における障害を理由とする差別の解消の推進に関する対応指針について（通知），2015年）

おわりに

　「個別の指導計画」は，校内の子どもたちの特別支援教育や合理的配慮を進めていくためには，なくてはならないツールです。本書では，その作成と活用のための技法を紹介しました。

　「個別の指導計画」の作成と活用にあたって，最後になりますが，技法の心構えを2点にまとめます。

　1点目は，「個別の指導計画」の技法はクリエイティブであるということです。クリエイティブな作業だからこそ，「個別の指導計画」の作成や活用は一筋縄ではいきません。しかし，子どものために作り出す喜びを感じられるようになると，作成や活用は教師にとっても充実した作業となります。

　2点目は，「個別の指導計画」の技法はフレキシブルであるということです。よく「必要に応じて」という表現がなされますが，これは柔軟性があること，臨機応変な対応が求められるということです。子どもや学校の「必要に応じて」フレキシブルな作成や活用をしていくことが重要です。

　クリエイティブさとフレキシブルさ。これは特別支援教育の要といっても過言ではありません。

　子どもたちの可能性を最大限に引き出すために，クリエイティブでフレキシブルなアプローチを取り入れた「個別の指導計画」を作成し，活用していく。その過程において，本書が役立っていただければ，筆者としては望外の喜びです。

　本書の出版にあたり，企画・構想段階からご指導・ご支援いただきました明治図書出版の茅野現様に，心より感謝申し上げます。

参考文献

- 全国特別支援教育推進連盟（編）『「個別の教育支援計画」「個別の指導計画」の作成と活用』ジアース教育新社，2019年
- 田中裕一（監修），全国特別支援学級・通級指導教室設置学校長協会（編著）『「通級による指導」における自立活動の実際』東洋館出版社，2021年
- 山内祐平『学習環境のイノベーション』東京大学出版会，2020年
- 中山芳一『家庭，学校，職場で生かせる！　自分と相手の非認知能力を伸ばすコツ』東京書籍，2020年
- 市川伸一『これからの学力と学習支援　心理学から見た学び』左右社，2023年
- 宍戸寛昌，柳沼孝一，髙橋正英，上野良『先生のためのリフレーミング大全　子どものよさを引き出すポジティブ言い換え100』明治図書，2022年
- 海津亜希子『個別の指導計画作成と評価ハンドブック　学習障害（LD）のある小学生・中学生・高校生を支援する』学研，2017年
- 海津亜希子『個別の指導計画作成ハンドブック　LD等，学習のつまずきへのハイクオリティーな支援　第2版』日本文化科学社，2012年
- 土橋圭子・渡辺慶一郎『発達障害・知的障害のための合理的配慮ハンドブック』有斐閣，2020年
- 福原将之『教師のためのChatGPT入門』明治図書，2023年
- W.J. シュナイダー，E.O. リヒテンバーガー，N. メイザー，N.L. カウフマン著，染木史緒，上野一彦（監訳）『エッセンシャルズ　心理アセスメントレポートの書き方　第2版』日本文化科学社，2023年
- Dawn.P.Flanagan, Samuel O.Ortiz, Vincent C.Alfonso, Essentials of Cross-Battery Assessment, Third Editon, Wiley, 2013
- 三好一英，服部環「海外における知能研究とCHC理論」筑波大学心理学研究，第40号，1-7，2010年
- 菊池良和，福井恵子，長谷川愛『保護者からの質問に自信を持って答える！吃音Q&A　吃音のエビデンスを知りたい方へ』日本医事新報社，2021年
- 廣田栄子（編著）『特別支援教育・療育における聴覚障害のある子どもの理解と支援』学苑社，2021年

【著者紹介】

増田　謙太郎（ますだ　けんたろう）

東京学芸大学教職大学院准教授。

東京都町田市出身。東京都公立小学校教諭（特別支援学級担任），東京都北区教育委員会指導主事を経て，現職。専門はインクルーシブ教育，特別支援教育。

主な著書に『特別支援教育コーディネーターの仕事術100』『特別支援学級担任の仕事術100』『通級による指導担当の仕事術100』『特別支援教育の視点で考える学級担任の仕事術100』『学びのユニバーサルデザイン UDL と個別最適な学び』（すべて明治図書）などがある。

松浦　千春（まつうら　ちはる）

発達支援が専門のフリーランス。福岡県太宰府市出身。東京学芸大学で言語障害児教育を専攻，大学院で障害児臨床講座修了後，東京都公立学校教諭として通級による指導などに携わる。17年間勤めた後，フリーランスに転身。0歳〜15歳を対象としたDIVERSE・ダイバースことばの発達支援・学習支援室主宰。支援室運営を続けながら特定非営利活動法人の立ち上げに携わったり，大学で発達心理学の授業を担ったりしてきた。主な著書は『通級による指導担当の仕事術100』（明治図書）。

特別支援教育の技法

特別支援教育コーディネーターのための
「個別の指導計画」作成と活用の技法

2024年7月初版第1刷刊　　Ⓒ著　者　増　田　謙太郎
　　　　　　　　　　　　　　　　　　松　浦　千　春
　　　　　　　　　　　　発行者　藤　原　光　政
　　　　　　　　　　　　発行所　明治図書出版株式会社
　　　　　　　　　　　　　　　　http://www.meijitosho.co.jp
　　　　　　　　（企画）茅野　現　（校正）奥野仁美
　　　　　　〒114-0023　　東京都北区滝野川7-46-1
　　　　　　振替00160-5-151318　　電話03(5907)6702
　　　　　　　　　　　　ご注文窓口　電話03(5907)6668

＊検印省略　　　　　　　組版所　中　央　美　版

本書の無断コピーは，著作権・出版権にふれます。ご注意ください。